小さな住まいで
ほのぼの手作り日和

毛塚千代

はじめに

「お昼ですよ〜♪」
「ご飯食べましたか〜？」

これは、毎日、インスタグラムに投稿する際の私の決まり文句です(笑)。うっかり忘れると、フォロワーのみなさんに心配されちゃったり。それくらい毎日欠かさずアップしている私の日常です。まさか71歳の私の日常を、こんなにたくさんの方が楽しんでくれているなんて、びっくりです！

私は去年、古希を迎えました。団地に引っ越して、インテリアに夢中になって45年、ドールや布小物の作家として活動を始めて30年になります。3人の子どもたちは独立し、お父ちゃん(結婚してから、夫のことをこう呼んでいます)と2人、そして亀の1匹との、ほのぼのとした暮らし。

ミシンは得意でもパソコンにはうとかった私が、ブログで日記を書きはじめたのが、２００６年。そのブログも今はインスタグラムに変わりましたが、18年間、おそらく１日も欠かさず、更新しているんですよ。マメでしょ(笑)。

義務的な気持ちがちょっとでもあったら、こんなに続けられなかったと思うのですが、私にとっては、とても楽しい毎日のルーティン。だから、少しも苦じゃないの。

ここ数年は、週に１度のインスタライブも恒例に。これがまた、本当に楽しい♪　好きなものが同じ人たちが全国から集まって朝のおしゃべり。「晴れたね〜、花が咲いたよ」「みんなは何してるの？」なんて、そんなおしゃべりをケタケタ笑いながらの30分(たいてい延長して、もっと長くなるけれど)。

みなさんに「千代さんから元気もらった〜」と言ってもらえるけれど、いえいえ、力をもらってるのは私なんです。そんなふうに、お互いにパワーを交換し合える人がいることが、私の

元気の秘訣かな？
今回、この本を作るにあたり、過去のことを思い出すために
ブログやインスタをチェックしながら、そんなことを考えてい
ました。たくさんの人に出会って、見守ってもらって、ともに
笑って、この歴史が今の私を支えてくれてるんだな、と。

この本も誰かの隣に寄り添い、そっとパワーを送れる存在に
なることができたなら幸せです。

目次

Contents

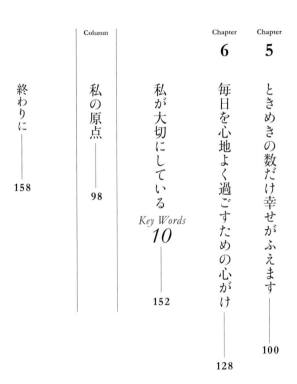

Chapter 1

インテリアがすべての基本でした

団地に住みはじめたお話から始めましょう

私が住むこの団地＝公団住宅（現UR賃貸住宅）は、引っ越してきた45年前は花形物件でした。結婚してから、板橋（東京）で長女・長男、その後は所沢（埼玉）のアパートに移って次女も誕生し、子ども3人の5人家族に。ここでは手狭になるだろうから引っ越しを……と思ったものの、団地は希望者が多くて抽選に落ちてばかり。入居まで2年がかり、5回目のチャレンジでようやく願いがかないました。

そのとき長女は6歳、長男3歳、次女2歳。間取りは3Kで、小さなキッチンが独立したタイプ。建物と建物の間にかなりゆとりがあるので、キッチンやリビングなど、南向きの部屋は日当たりが抜群。南北向きの窓や勝手口からの風通しも良好。敷地内にスーパーや郵便局、すぐそばには病院もあって、環境のよさも申し分なし。「団地って、なんてよくできているんだろう」と思いました。

子どもたちが通う幼稚園もすぐ目の前で、送り迎えもラク。オルガンの音色とともに聞こえてくる元気な歌声や遊び声をＢＧＭに、家事をするのが日課でした。

団地内は車が通り抜けできないし、公園やグラウンドも近くにあって、子どもたちが元気に遊ぶのに最適。同世代の子育てファミリーが多かったから、子どもたちは遊び相手に困ることがなく、夕方まで外遊びに夢中でした。

いわゆるママ友にも恵まれ、一緒にランチをしたり、公園でバドミントンをしたり、団地ライフを楽しみました。おしょうゆの貸し借りやおかずのおすそ分けもしょっちゅう。同じ階段を使うママたちと「家で仕事ができたらいいね」と話が盛り上がったことから、みんなで内職を始めたことも思い出します。

だからですね。ここが好きになればなるほど、「家をもっと住みやすくしたい！」と、それまでのアパート暮らしで目覚めたインテリア好きがむくむくと。家具の配置替えを繰り返して居心地のよさを模索したり、雑貨を飾ったり。シンプルだった部屋が少しずつ、私らしく変わっていくのが楽しくてたまらなくなりました。

子どもたちが独立し、夫婦２人暮らしになっても、部屋づくりへの熱意は変わらず、今も進行形。愛情をかけた私のインテリアを、まずはごらんください。

これが小さくて暮らしやすい大好きなわが家です！

❶ トイレ

便座に座り込んで、カッターで溝を彫ったベニヤ板を腰板風に張って、ナチュラルカラーにペイント。マットも明るい色柄で手作りしました。狭くても楽しい空間に。

❷ サニタリー

壁一面に張った板壁を「見せる収納」の舞台に。浴室のドア枠に固定した折りたたみの衝立《ついたて》が、洗顔やバスタイム時の間仕切りです。

❸ お父ちゃんの部屋

畳にウッドカーペットを敷いて洋室に。休みの日は、お父ちゃんはYouTubeを見たり、ゲームをしているみたい。かつては子ども部屋でした。

❹ アトリエの押入れ

ふすまを取り外してフルオープン。目隠しカーテンは、中板に合わせた２段式では使いづらくて、押入れが一望できる特大サイズにしました。

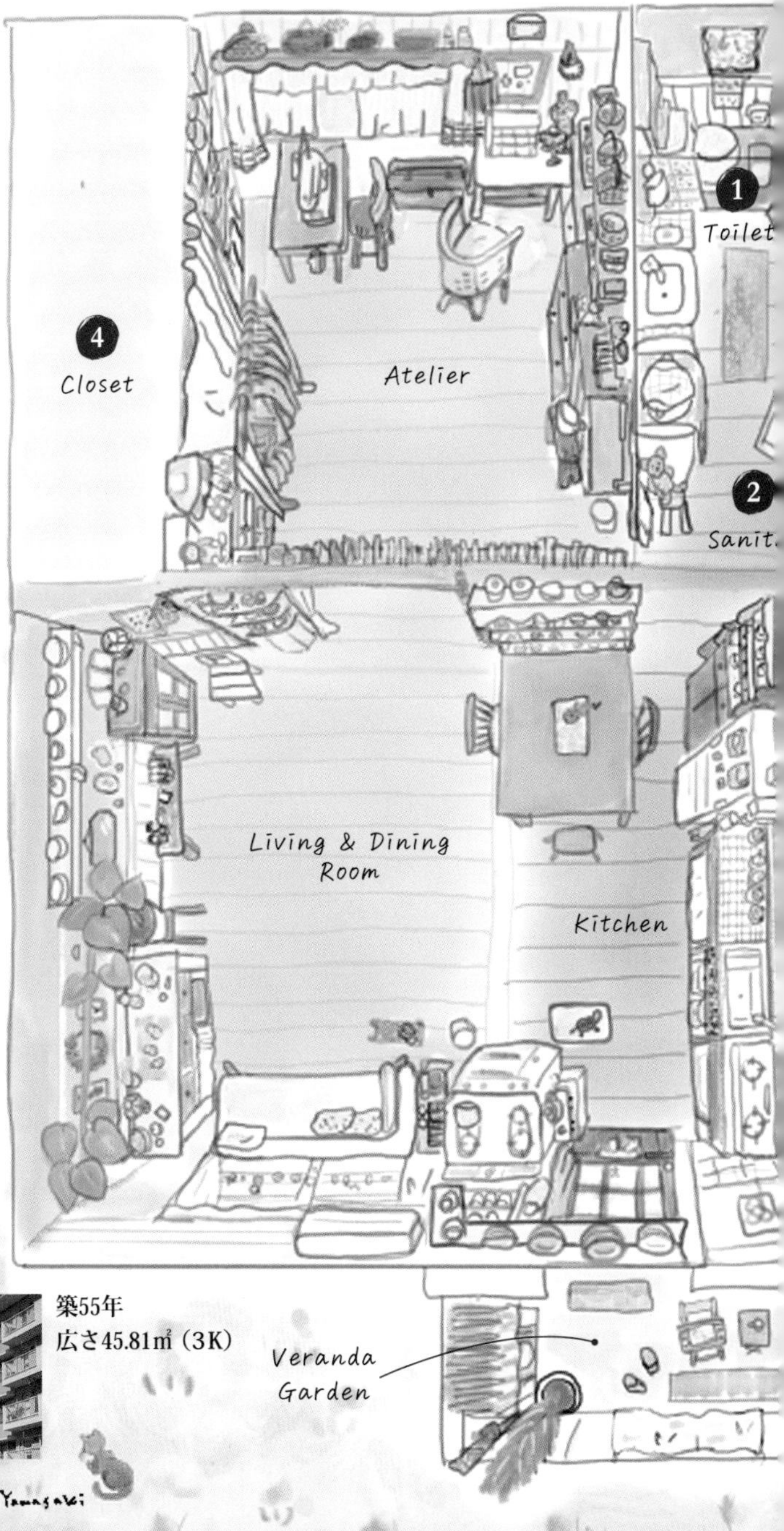

築55年
広さ45.81㎡（3K）

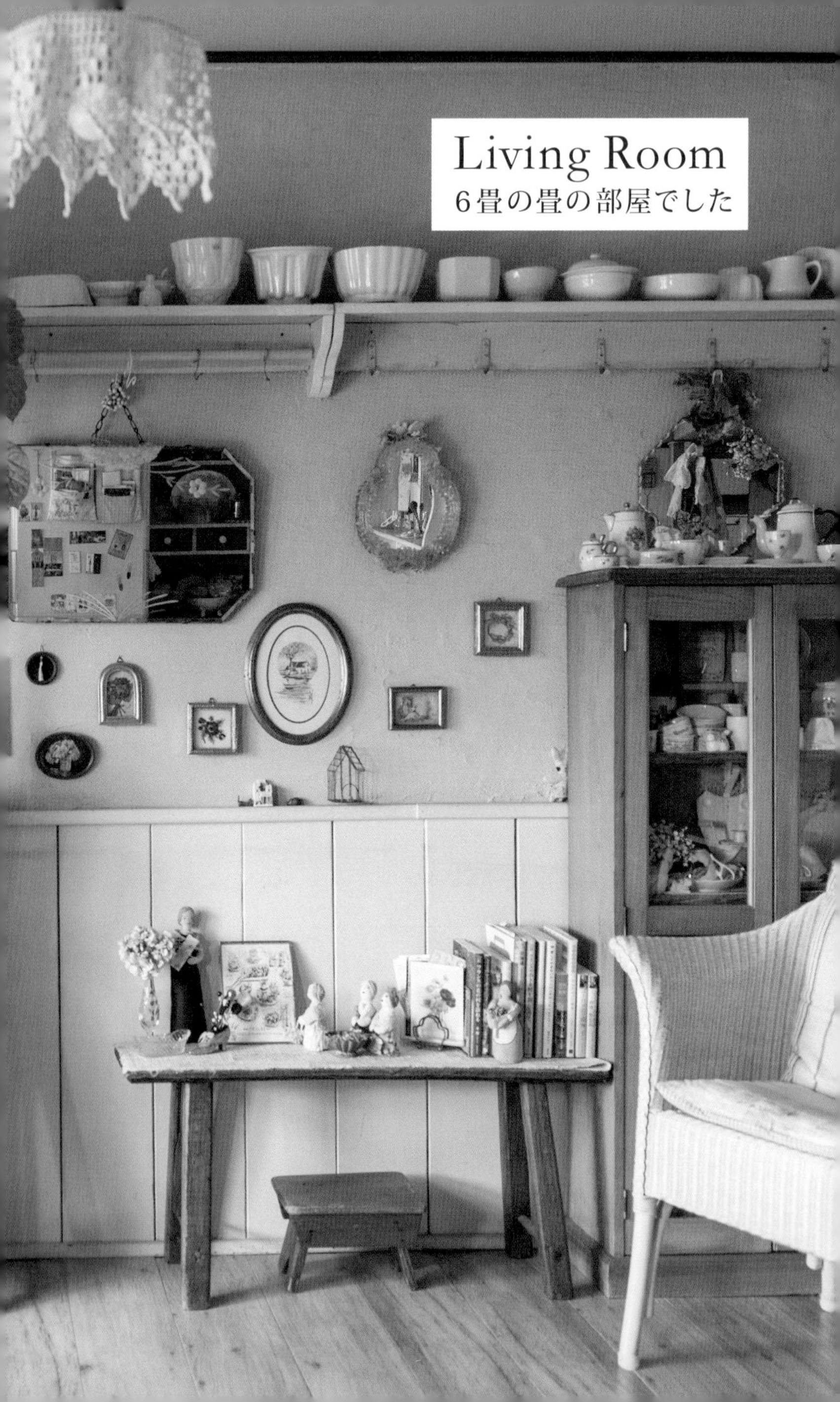

Living Room

6畳の畳の部屋でした

壁伝いにウンベラータを誘引したコーナーがヒーリングスポットに。床はじゅうたんやウッドカーペットの時代を経て、７年前にフロアタイルに模様替え。目にやさしい色みで幅広のタイプを選び、両面テープで張っただけです。

キッチンとリビングルームの境にあったふすまを取り外して、ワンルームにしたLDK。一日じゅう明るいリビングは、特に大好きな場所です。ドールや布小物の仕上げを手縫いするときは、窓辺のソファが指定席。裁縫箱をかたわらに置いて、暖かな日ざしを背に受けながら針を動かすひとときは、穏やかで幸せな時間です。時折、手を止めて窓から見える青空や雲を眺めたり、枝葉を広げるウンベラータの緑に針仕事で疲れた目を休めたり。キャビネットに飾った新作のドールや大好きな小物に囲まれていると、自然と気持ちが落ち着きます。

大きなキャンバスのようなワイドな壁もお気に入り。小さなリビングだけれど、このおかげで開放的。コーナーに置いたカップボードの上の棚もはずして、腰高のキャビネットだけにしたら、さらに視界が開けて広く感じたのです。壁際のスリムなベンチの足もとから壁が垣間《かいま》見えるのも、広さ演出のポイント。腰板の美しさや塗り壁とのコントラストが際立って、わが家のチャームポイントになっています。

今では笑い話だけれど、腰板を張る作業は私が用事で出かけたために、途中からお父ちゃんにバトンタッチ。そしたら、一枚板のようにすき間なくきれいに張られていて、帰宅後に仕上がりを見て「あれ、まあ！」。板壁とわかるようにカッターで角を削って、イメージに近づけたのです。

憧れていた籐の「ロイドチェア」がインテリアに仲間入りしたときは、洋書のページに近づいた気がしてうれしかったです。

冬は玄関の手前までさし込んでいた日ざしが、春の訪れとともに短くなったり、窓辺の飾り棚に並べたクリスタルが太陽を浴びて光の粒となってあちこちで遊びはじめたり。窓からつくり出される表情も、インテリアのエッセンスになって、日々の暮らしに新鮮なときめきや発見をもたらしてくれています。

この部屋は、19年ほど前に白いクロス壁をはちみつ色の塗り壁に替えたあとは、大きな模様替えはしていません。でも、壁面の額や、カップボードの小物を季節や気分でこまめに替えて楽しむことで充分、満足。飽きることがないんです。

そういえば、ここ数年でいちばん変わったのは、ウンベラータかも。わが家に来たときは膝丈ほどだったおチビちゃんが、どこまで伸びるのかというくらい大きく成長中。この子にとっても、リビングは居心地がいいみたいです。

Kitchen
レトロ可愛くて使いやすい台所

すみずみまで手が届くので、使い勝手抜群。扉をはずした吊り戸棚などオープン収納にしていますが、食器も道具も毎日取り出してはすぐに洗ってしまうから、ホコリがたまりにくいみたい。カウンターのタイルはホームセンターでタイルと目地剤を買って張りました。壁のモザイクタイルは、シールタイプ。目地もはめ込み式で簡単でした。

この家が大好きな理由の一つが、リビングから続いているこのキッチンの存在。南向きの勝手口のドアを開ければ、光がさし込んで私の大好きなキッチンの小物たちにスポットを当ててくれて、風がやさしく通っていきます。

長い時間をかけて手を加えてきたキッチンは見た目だけでなく、動線も使い勝手もよくて、本当に居心地のいい空間です。大好きなところだから、「お勝手に立つのが嫌だな」と感じたこともありません。

私はお料理のメニューや、テーブルセッティングを考えるのも好きなので、器や調理器具もお気に入りを集めています。友人を招いたときは、好評だったメニューを書きとめて、次のお客さまにもお出ししたり。みんなが「おいしい！」と喜んで食べてくれる姿がうれしくて、「また頑張ろう」と思っちゃいます。

大晦日には親戚一同が集まるのが恒例。家じゅうすべての器を総動員するので、洗い物も山盛り！　でも、みんなが大笑いしながら楽しんでいる声を背中で聞きながら、キッチンで洗い物をする時間も幸せで好きなんです。流れ作業で、姉や娘たちと隣り合って食器を拭き拭きおしゃべりしたり、「そのお皿はそこじゃないよ～。

こっちだよ〜」なんて言いながら笑い合ったり。大量の洗い物がなくなり、ピカピカに戻ったシンクを見たときの達成感……たまりません！

賃貸団地のＤＩＹは、改装するなら転居のときに元に戻すことが原則です。吊り戸棚などのはずした扉はすべて保管しているものの、私が転居して空き室になると、システムキッチンに交換することになっているそうです。だから、このキッチンは完全に撤去されることになるんです。

でも、ここが大好きすぎて、引っ越しする気持ちはまったくないですけどね。

洋書を開いたときにいつも私がときめくのは、小さなキッチンにあるオープンの棚に、ぽってりした陶製の器やカップが並び、さりげなく可愛いお花が飾ってあるような、そんなキッチンの風景。暮らしが見えるあたたかなシーンに胸がときめきます。そんなキッチンに少しでも近づいていたらうれしいな。

Atelier
子どもたちの独立を機に 私だけの部屋に

窓から見える新緑や落ち葉、季節の景色に癒やされながら、朝９時から夕方４時までミシンかけ。軽やかなミシンの音が響きます。背後の板壁は、最初はＬ字形に棚をつけて「見える収納」化。その後、木箱を固定した飾り棚に。現在はごらんのように、互い違い棚に模様替えしています。リズミカルな棚の配置とブルーグレーのペイントがお気に入り。この空間ができたことで、さまざまな壁面インテリアが楽しめるようになりました。

「あ、お父ちゃんが仕事から帰ってきた！」

夕方、ミシンを踏んでいると、窓の下から聞こえる車の音でわかります。

「今、ここを縫い終わったら、夕ごはんの支度するね」

これが窓辺でミシンを踏む私の日常風景です。

アトリエは、4畳半の小さなスペース。でも昔は、ダイニングテーブルが私の仕事場でした。夕食の時間になると、広げた布や裁縫道具と一緒にミシンも片づけて、食事の支度をしたものです。

25年前、子どもたちの独立を機に、この部屋にあった大きなたんすを子ども部屋に移動させ、アトリエに変えました。空っぽになった壁面を板壁にして飾り棚を作ったときは、まるで子どものように胸が高鳴ったんですよ。

この飾り棚は、ボタンやビーズの手芸材料のほかに、お気に入りの本や旅の思い出など、大切なものを飾るスペース。見ているだけで創作意欲やインスピレーションがわいてくる楽しいコーナーになりました。

アトリエができてから、「ちょっとした空き時間や思いついたときに、すぐにミシンをかけられるようになったのは、なんと便利なことか！」と大感動。たとえば出かける前にパッとひらめいたら、ミシンに直行。その日の洋服に合わせて新たにバッグを作り、それを手にお出かけしたこともあります。取材の日、みなさんが到着する前に30分の早技で作ったキッチンマットを見た、ライターさんの驚いた顔といったら！　素敵なアンティークの布をいただいたときは、お礼のメールを送るや、矢も盾もたまらずすぐさま小物に仕立てて、お返事が届く前に、完成したバッグの写真を送ったこともありました(笑)。

バッグや布小物は、生活のなかで使ううちに改良ポイントが見えてくるので、「こうしたら便利」「次はああしてみよう」と日々進化するもの。デザインや仕様だけでなく、「今度はピンクの布でまとめよう」、「花柄だけで作っても可愛いかも」とアイデアが広がるのも醍醐味《だいごみ》で、作ることに飽きないんです。

アトリエで仕事をするようになって、ミシンはますます、なくてはならない大事な相棒に。年末の仕事納めには、ミシンも念入りに大掃除。小さなお正月飾りをつけて、「今年もお疲れさまでした！」と一年の労をねぎらいます。

Veranda

この小さな庭は
私のエネルギーの源です

左から順に、華奢《きゃしゃ》で可憐なイワダレソウ、日の光に緑が際立つアナベル、パーゴラを伝うおかめアイビー、落ちた花びらさえ美しいビバーナム。どの子も、一生懸命に生きている姿が愛《いと》おしくて。

住まいってインテリアの表舞台となるＬＤＫが注目されがちですが、わが家で忘れてはならない大切なスペースが、ベランダです。

団地に移る前のアパートで育てていた大量の植木鉢を、引っ越しの荷物とは別にひと足先に運んでいたので、初日からベランダはグリーンでいっぱい。年を追うごとにますます楽しくなり、レンガで小道を作ったり、ガーデン雑貨を飾ったりと、模様替えを繰り返していました。

自然の風景に溶け込んだかのようなベランダガーデンが理想です。

朝起きるとまずはベランダへ直行し、草花や空に浮かぶ雲にご挨拶《あいさつ》。早朝の薄明かりのなか、月が空にぽっかり浮かんでいる風景はとても幻想的です。やがてベランダが太陽の光に照らされたときの、何ともいえない喜び。朝日に元気をもらい、草花たちも一斉に笑顔になっている気がします。

そんな時間が心地よくて、朝だけでなく、昼に夕にとベランダでひと休みしては、自然の空気をおなかいっぱい吸い込むことが日課となりました。ミシンかけがひと区切りついたときも、ベランダで背中を伸ばして深呼吸。気持ちが切り替わり、心や体がリセットされるのがよくわかります。

3年前の大規模修繕工事をきっかけに、さらに快適な空間にリニューアルしました。ガーデニングスペースは全体の3分の2にして、残りの空間を憩いの場に。折りたたみの椅子とテーブルを置いたことで、ランチやティータイムの時間が今まで以上に楽しくて。草花の日よけのために作ったオーニング風日よけカーテンを物干しから吊るすと、私だけのガーデンルームにいる気分。カーテンから生まれた日陰で本を読んだり、すき間からさし込む光の美しさに見ほれたり、草花が風に揺れる風景を眺めたり……。第2のリビングルームとはまさにこのことだと思います。

太陽の恵みを浴び、エネルギーに満ちた昼のひとときもさることながら、夕暮れのブルーモーメントも大好きな時間です。夕日がベランダのパーゴラにつけた外灯に影をつくり、太陽とお月さまが静かにバトンタッチする空模様を眺めながら、つつがなく過ぎていく1日に感謝！　幅80㎝足らず、奥行きはわずか8歩の小さな空間で、こんなにも心豊かな時間が過ごせることを幸せに感じています。

Chapter 2

模様替えは暮らしの一部

BRIDES
MARQUE

Story 1

暮らしに合わせて成長する住まい

団地に入居が決まって引っ越しする1日前。たくさんの観葉植物を運び込みがてら掃除に来た際、「ふすまで細切れになった部屋では使い勝手が悪いよね」と即決。すべて取り外して、押入れのいちばん奥に片づけてから帰りました。

なので、わが家は引っ越した初日からオープンの間取り。子どもが小さいうちは目が届くこの部屋使いが大正解で、南側のリビングやダイニング、北側の部屋まですべてが子どもの遊び場です。何をしていても声が聞こえ、姿が見えて安心でした。

住みはじめてから「居心地をよくしたい」と模様替えを繰り返したLDK以外にも、玄関脇の4畳半も遊び部屋から勉強部屋に、子どもたちの成長に合わせて改装。4畳半に3人の机をどうやったらうまく置けるか考え、家具調の勉強机をやめて、引き出しを脚の代わりにして天板をのせて机に。本棚として奥行きの浅いカラーボックスをのせて、1人ずつのコーナーを3人分、確保しました。

それでも、肘がぶつかったとか〝陣地〟に鉛筆が転がってきたとか、小さなもめ事はしょっちゅう。そんななかで、次女は押入れのふとんを外に出し、大好きな本や雑貨を持ち込んで自分の遊び場を作っては、私に見つかって、早々に撤退を命じられ(笑)、懲りもしないでまた作ったり。

そんな次女ですから、長男や長女が独立して自分だけの部屋になったときには、ためにためていたアイデアを発揮。私には思いも寄らない、若い感性の部屋に模様替えをして楽しんでいました。

その部屋も、今はお父ちゃんの個室に。仕事から帰ると、のんびりと好きなテレビを観たり、ゲームをしたり。お父ちゃんも大人数のきょうだいだったので自分の部屋はもてなかったから、今はこの自分の部屋を謳歌《おうか》しているよう。インテリアセンスはないお父ちゃんだから(笑)、家具の配置は私がしていますが、居心地がいいようで、今のところ文句は出ていません。

繰り返してきた模様替え、その時々のインテリアを楽しむ気持ちが、私に自信をもたせてくれて、いろいろなことにチャレンジする道につながったのかな。

5人暮らし時代の思い出を
次女が振り返ってくれました。

雑魚寝テトリス

数年前まで、お正月は狭い毛塚家に親戚がたくさん集まり、10人以上でリビングと仕事部屋に寝ることに。部屋いっぱいに敷き詰めたふとんに雑魚寝です。最後にお風呂から出ると寝るスペースがなくて、パズルのように空いた形に合わせてどうにかもぐり込む。あちこちからチビっ子の手や足が飛んできたのも、今となっては楽しい思い出。

さて
どこで
寝れるかな?

プレゼントはどこに？

誕生日やクリスマスなどプレゼントがあるとき、母はどこかに隠す。「どこにあるの？」と聞くと、「裏の部屋（子ども部屋）のどこかだよ。探しておいで〜」と。裏の部屋を探しても見つからなくて、「ないよ〜」と戻るとテーブルの上にプレゼントが！「どこにあったの!?」と聞いても、隠し場所は教えてくれない。これに毎回ひっかかる私たち。今も、あのときどこに隠してたかはわからない。実はこれ、母は祖母に仕掛けられ、私も子どもたちに仕掛けているので、３代続いています。

なんでー
どこにあったのー?
さあ
どこだろうねー

朝５時ごはん

姉が遠くの高校に通うようになったときは、朝早くに家を出るため､「１人で朝ごはんはかわいそう」と､家族全員５時に起こされて朝ごはんを食べることに。私は半分眠ったまま、もぐもぐ食べてから二度寝。次に起きたとき「私、朝何か食べたっけ？」なんてこともしょっちゅう。姉が高校を卒業してからも、なぜかしばらく、５時起き朝ごはんのわが家でした。

チュン
チュン
ZZZ…
牛乳のむ〜?

なにこれ〜
布団もどして〜
かたづけて
えー
出した布団
まだみつあみの頃の千代母

押入れ部屋

子どものころ、１人の部屋が欲しくて､押入れのふとんを出して小物を持ち込み飾りつけ。もちろんすぐに見つかって全部撤収させられたけど(笑)、あきらめずにまたチャレンジしてたな〜。

Miyuki Yamasaki

2 Story

なんちゃってＤＩＹだから作業が楽しい

ＤＩＹといっても、私の場合は図画工作の延長。カッターで切れるくらい薄いベニヤ板や工作木材を積極的に使っています。

わが家を初めて訪れるお客さまがまず足を止めるのは、木製もどきに変わった玄関のドア。薄いベニヤ板を両面テープで張るという、今ではよく見かけるなんちゃってリメイクですが、当時はＳＮＳもないなか、ただただ洋書に憧れて、手探りで作ったお気に入りです。だから、アトリエやサニタリーに張った板壁も、すき間があいていても〝味〟と思って気にしないし、天井との際がきれいにそろってなくてもご愛きょう。洗濯機の後ろは見えないから、「何も張らなくていいよね！」という具合です。

リビングとアトリエとの間の仕切り壁は、「ソファに座ったときに、アトリエがもっと素敵に見えたらいいなあ」と、設置することに（45ページ）。「自立するＬ字形の板壁を作って、境界にある下がり天井にパコッとはめれば簡単！」と思ったら、そうは問屋が卸しません。１８０cmの長さの板と天板の組み立てに悪戦苦闘。お父ちゃんに支え役を頼んだり、釘のほかにコの字形のステープルであちこち固定したり、予期せぬすき間にかませる板が必要になったりと、名づけて「アクロバット工法」の末になんとか完成しました。取材されたときに「作り方を誌面に載せたいです」と頼まれましたが、即座に辞退。

だって、作った本人がうまく説明できないのですから……。

アイデア作として気に入っているのは、鴨居《かもい》や柱、敷居に2ミリ厚のベニヤ板を両面テープと建具釘でカバーリングしたこと。和室感の漂う敷居の凸凹が隠れて、鴨居がまるで梁《はり》のよう！ 好みの色にペイントできるのも魅力なんです。

――という経験を踏まえて、ＤＩＹは、自分のできる技量にハードルを低くして、気負わずトライするのがいいと思います。いちばん大切なのは楽しむこと。それが、結局のところ個性につながり、次に挑戦するパワーになるのだから面白い。

Sanitary

Entrance

玄関やトイレ、勝手口の扉は２ミリ厚のベニヤ板を両面テープで張っただけのリメイク。大きな一枚板のままではホームセンターから運べないので、パーツごとのサイズを割り出して、お店でカットしてもらいました。

Wall

1 仕切り壁は、側板の圧迫感をなくすためL字形に。 **2** 板の前後と天井の幅木にヒートンをつけて、ひもで吊るしています。 **3** LDKから見えないアトリエの下がり壁に棚を作り、取扱説明書や書類の収納場所に。

3 Story

隠す収納と見せる収納

わが家の収納法は単純明快。頻繁に使うものはひと目でわかるように見せる、使用頻度の低いものは押入れや家具の中に隠すという方法が基本です。

隠す収納

隠す収納は、アトリエにある1間半の押入れが頼みの綱。たっぷりした奥行きと天袋のついた大容量で、とても役に立つ空間なのです。ちなみに1間半のうち、生地や手芸用品を納めた窓側の半間は、毎日、出し入れしているので、使いやすさをキープしていました。ところが残りの1間分は、詰め込みすぎて何年も奥に入れっぱなしだったり、「とりあえず入れてしまえー!」とかなりの無法地帯。でも、「不要品をいつまでも取っておくことはない」と、今年になってようやく重い腰を上げ、すっきりと整頓することにしました。すると、雑誌や本、アルバム、書類など「出るわ出るわ」。指定の施設まで満杯の車で4往復分もの不要品がたまっていたのです。

この片づけで学んだことは、押入れ収納の極意は、あいている場所を利用して駒《こま》を動かすスライドパズルと同じということ。ぴったり納めるのではなく、空間をあけて、後ろにある物も取り出しやすくするのがポイントなのです。駒をスムーズに動かすために、キャスター付きのワゴンや棚を活用するのがいいということもわかりました。

もう一つ重要なのは、「あと1台入るかな？」という手前で、入れたい気持ちを抑えてストップすること。ついつい詰めちゃいがちだけど。

偶然にも、片づけを終えたあと、テレビで収納コーディネーターさんが「押入れはぴっちりはダメ！　頭が突っ込めるくらいのゆとりが大切」と話していて、「そのとおり！」と納得。大量のゴミとホコリにまみれて頑張った努力が報われました。

2

1

3

5

4

6

1・2 わが家のアイコンのひとつ、鴨居に吊るしたアンティークのバケツは、ペイント用のハケなどの収納に。天井のデッドスペースを有効活用。**3** アトリエの押入れは、天袋もたっぷりサイズ。スティッククリーナーの掃除機も、使い終わったら押入れの柱に吊るして充電。出番を待ちます。**4** キッチンのアンティークオーブンには大型の調理器を。**5** サイドのストレージには食品のストックを。**6** インテリアに合わないコンセントやスイッチプレートを、シンプルステッチしたカバーで目隠し。

見せる収納

「見せる収納」のいいところは、探さなくてもどこに何があるかひと目でわかることや、お目当てのものがワンアクションでダイレクトに取り出せること。毎日頻繁に使うものなら、なおさら便利です

その最たる場所が、キッチンやサニタリー。わが家の場合、キッチンは備えつけの棚を生かして簡単に「見せる収納」ができましたが、洗面所が難題でした。吊り戸棚もなく、洗濯機があるため家具を置くスペースはありません。風呂場の脱衣所を兼ねているからそれなりに物が集まるし、使いやすさも大切にしたいところ。

そんな難問を解決したのが、収納のステージとして板壁を作るアイデア。そこに棚やラックをつければ、見た目と実用を兼ねた「見せる収納」の完成です。アトリエの壁面ディスプレイも発想は同じ。団地は和風の住宅仕様なだけに、天井や床の幅木を利用すれば、私一人でも簡単に板壁を作れちゃうんです。

トイレも床に余分なスペースはないから、壁面収納に。トイレットペーパーの予

備は、お手製のホルダーで壁に吊るしています。

収納についてもう一つつけ加えるなら、「可動式」の家具やグッズも、強い味方です。押入れ以外でも、キャスター付きのＦＡＸ台やブティックハンガーなど、あちこちで移動可能な片づけ術が活躍しています。

玄関ドアを開けると目に入るサニタリーの壁面収納。板壁のおかげで、この収納力！

1

3

2

最近の模様替えでいちばん大がかりだったのが、アトリエ。天井まで張った板壁は、お気に入りの雑貨や作品のディスプレイスペースでありながら、抜群の収納力。60ページの布を入れたバスケットは、最上段に置いています。 **1** 赤色の雑貨を集めた一角。ちょっと大人っぽい？　こういう雰囲気も好きなのよ。 **2** 瓶にはボタンなどの材料を種類別に収納。雑貨屋さんみたいで見た目も可愛い。 **3** ミシンをかける私の右斜め後ろの棚。夕方、照明をつけると、アンニュイな雰囲気になるのもいい感じ。

4 Story

やっぱりわが家が好き

この団地に住みはじめてから仲よくしていたご近所さんは、多くがマイホームを購入して引っ越していきました。でも、私はここの環境や立地が気に入っていて、暮らしやすいところだと日々、感じながら生活していたので、引っ越したいという気持ちになることはなくて。

ただ、お父ちゃんとふざけ半分(?)で、分譲地を見に行ったことがありました。でも、それきり話題にも出なくなって(笑)。私はもちろん、お父ちゃんも緑の木立に囲まれたこの団地が大好きという思いでいっぱいだったから、ここから離れる暮らしは想像できなかったんです。

住まいって、暮らしている人の思いひとつで、どうにでも変えることができるものだと思っています。私も「こうしたいな〜」「こうなったらいいな〜」と、大好きな洋書を眺めては、あれこれ理想の住まいを思い描いていました。

模様替えを始めたころは、今ほど情報や便利グッズがない時代でしたが、憧れる気持ちは大きくふくらむばかり。自分ができることから始めよう、と想像力をフル回転し、長い時間をかけて板を切ったり接いだりを繰り返して……。

この団地に引っ越してきた日からかれこれ45年。大規模なＤＩＹの模様替えから日々のちょっとした模様替えまで、数えたらきりがないほど、部屋づくりを楽しんできました。

住んでいる人がリラックスできて、住み心地がよくて、お客さまにも「居心地のいい部屋ね」とゆっくりくつろいでもらえる——そんな部屋になったことは本当に幸せです。

大好きなインテリアを長く楽しんできたからこそ、「やっぱりわが家がいちばん好き」と、笑顔いっぱいで言えちゃいます！

Chapter 3

手作りが私の生き方を変えました

Story 1

ミシンデビューで縫い物に夢中

実家には、母が月賦で買った足踏みミシンがありました。でも、買って間もなく、下糸がこんがらがって糸調節ができず、ほったらかしに。以来、ミシンが動くことはなく、母はいつも手縫いでした。当然、私も実家のミシンには触ったことがなくて、ボタンつけや繕い物も母まかせ。縫い物とはまるで縁がなかったんです。

ところが、長女の入園グッズを幼稚園の指定サイズで作らなくてはならなくなり、覚悟を決めたのが、私のミシンデビューでした。とはいえ、本や雑貨屋さんでレッスンバッグの仕立てや作り方をよくよく研究して、やっとこ縫った感じ。だけど、せっかく買ったミシンなのに、その後の出番はほとんどありませんでした。

洋書で外国の素敵なリビングを見て、クッションが欲しくてたまらなくなったときも、手作りの好きな兄嫁に「こういうのを作って！」とお願いしたくらい。自分には縫い物はできないと思っていたんです。

よもや、そんな私が毎日ミシンをかけ、布小物&ドール作家になる日が訪れるなんて、人生ってわからないものですね。

団地に越して4〜5年たったころだったと思います。インテリア誌で、家の中の見せたくないところを布でカバーするという「目隠しカーテン」のブームが到来。「つっぱり棒を通すループをつけて四角に縫うだけの直線縫いなら私にもできそう」と思ったことが、再びミシンを動かすきっかけになりました。扉やふすまをはずしたキッチンや押入れ、配管が丸出しだった洗面台の下などなど……1枚のカーテンで気になっていた生活感が一掃されていくのが楽しくて。好みのサイズに形を変えられる布の魅力にもハマりました。

四角いカーテンが縫えるなら、テーブルクロスもできるじゃない!

一枚布で寂しかったら、2枚の柄布を縫い合わせてもいい!

マットのコーナーにワンポイントのモチーフをつけたら可愛い!

裏面をリバーシブルで使えたら楽しい!

などなど、アイデアやデザインは無限大。当時、わが家の一大イベントだった子

どもの誕生会のために、ギャザーたっぷりのフリルをつけたテーブルクロスを作るなど、布の手作りは暮らしを彩るための欠かせない小道具になりました。
私が思いついたことなんて、子どもの遊びごとみたいなレベルでしたが、イメージしたデザインを自分で作ることができるとわかったら、苦手意識はどこへやら。楽しさが何倍にもふくらみました。

家庭用ミシンから、馬力のある職業用にチェンジ。毎日、ボビンをはめる内釜のホコリを小筆できれいにぬぐい、ミシン用オイルを差してメンテナンスをしています。大切な相棒ですから！　あと、音も好きです。

Story 2

直線縫いで何でも作れちゃう

かつては縫うことがそんなに得意ではなかった私ですが　インテリアに布を取り入れることは大好きでした。「布マジック」と、ことあるごとに話していますが、1枚の布でガラリと変わるインテリアに、いつもときめいていました。

生地屋さんで気に入った布を見つけるたびに、

「あ！　カーテンになるかも」

「ソファカバー作れるかな」

「そこにお気に入りの生地でクッションを作って♪」

と、想像がどんどん広がっていきます。

昔は、カーテンを作るにもそれなりの技が必要でしたが、今は便利なグッズもあります。素敵なカーテンフックを使うだけで、お気に入りの生地をカーテンとしてインテリアに取り込めるようになりました。布マジックのハードルは、だいぶ下がったんじゃないかな。

しかも、これらは直線縫いだけでできてしまうんだもの。あとはちょっぴりのアイデアと「作りたい」という気持ちがあれば、実はそんなに難しいことではないんですよ。「毛塚さんすごい！」と言っていただくたび、私はこう答えて、布マジックの世界に誘っています。

たとえば、クッションカバー。私はいまだにファスナーつけが苦手です。なので、どうすればファスナーを使わずにクッションカバーを作ることができるか、あれこれイメージをふくらませて、ヌードクッションに生地を当てながらデザインを考えます。そうして「後ろを2枚仕立てにして重なりをもたせたらいいじゃない！」って。もっと手を加えたいなら、その重なりの左右にひもをつけてリボンを結んだり、片側をループにして、反対側にボタンをつけてとめてもいいですね。

苦手だからとあきらめるのではもったいない。できないなりに知恵とアイデアで補えることを、長い経験から学ぶことができたと感じています。

まっすぐに縫えなくてもOK！　土台布にチェック地を使うと、物差し代わりになって作りやすいですよ。

ベランダの日よけカーテンの作り方

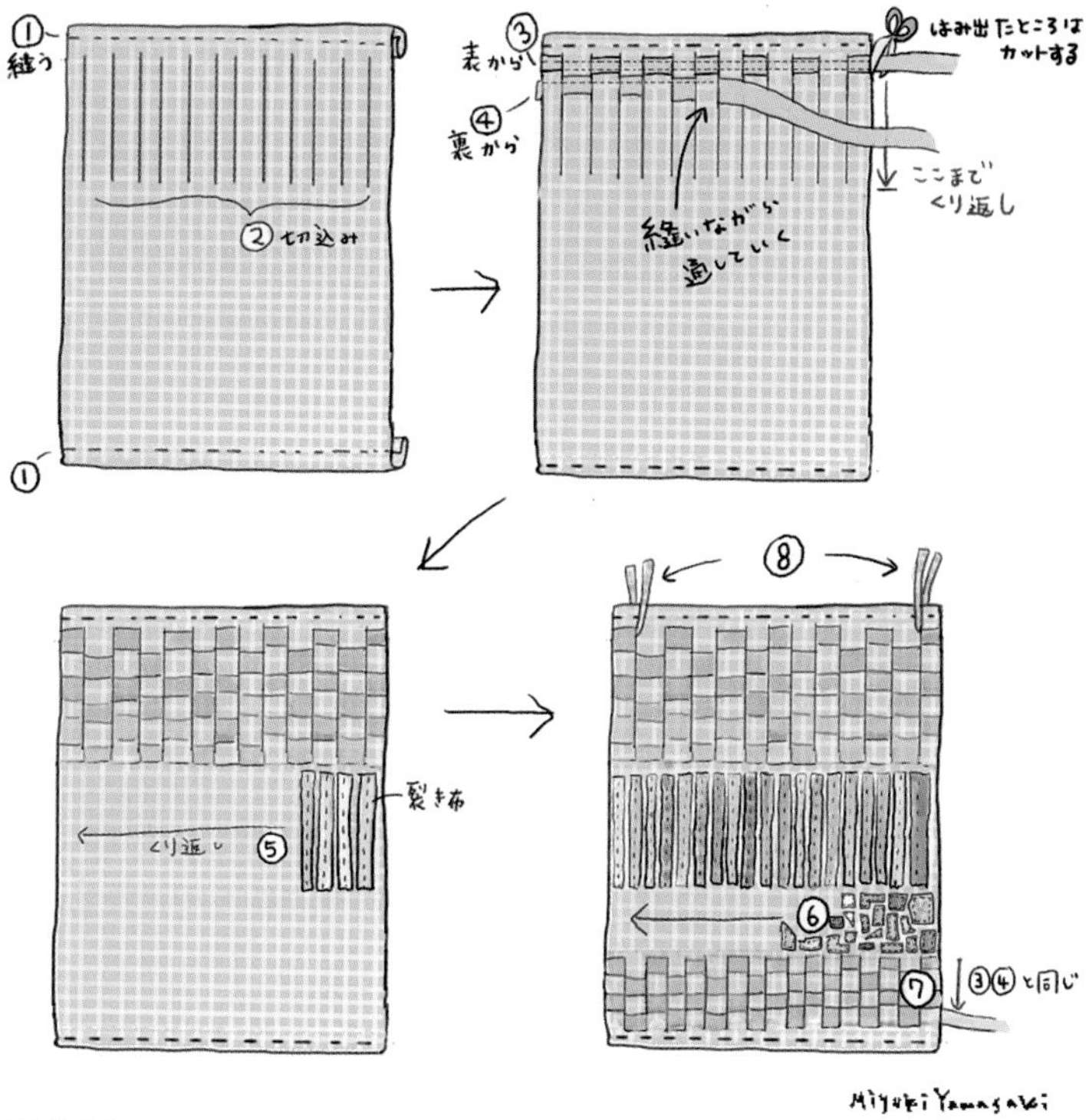

用意するもの

- シーツ大の土台布
  (チェックの生地がおすすめ)
- ひも状に裂いた布
  （3と4の編み込み用、5の縦に縫う布）
- いろいろな形の端ぎれ
- 吊りひも7本

作り方

1　土台布の上下の布端を三つ折りにして縫う。

2　1の上から⅓くらいまで縦に等間隔に切れ目を入れる。

3　切れ目のすき間に表から、市松模様になるように互い違いに裂き布を通しながら、2に縫いつける。

4　次の段は裏から互い違いに裂き布を通しながら、3と同様に縫いつけ、切れ目を入れたところまで繰り返す。

5　土台布に縦に裂き布を縫いつける。

6　土台布に端ぎれを縫いつける。

7　土台布の残った部分に、縦に等間隔に切れ目を入れ、3と4を繰り返す。

8　(上辺の)縦に切れ目を入れた穴に吊りひもを通す。

Story 3

不器用でも大丈夫

長年、布小物&ドール作家として活動しているので、器用だと思われることが多いようですが、ところがどうして！　昔も今も細かな作業は苦手なほうだし、正確に計測して作るという作業も得意ではありません。

だからといって、まったく作らなかったわけではなかったんですよ。苦手なことや好きではない作業に正面から挑むのではなく、「自分のできる範囲で楽しく試行錯誤できたらいいな」と思っていたんです。

手作りに限らず、どんなことでも同じだと思いますが、マイナスはプラスへの入り口ととらえると、意外と何でも乗り越えられるのではないでしょうか。難しいと思えば難しい、簡単と思えば簡単。ハードルは、自分の思いひとつで高くも低くもできるはず♪

もちろん私も、今でも失敗することはたくさんあります。でも、私はめげない(笑)。

その繰り返しのなかで足りない部分に気がつくことができましたし、新たな方法が見えてきました。

特に布の場合、「短かったら足せばいい」「長かったら切ればいい」くらいの気持ちで楽しめば、それがかえって個性につながることもあるのです。手作りって、何をどう作るか計画を練ることも、作業することも、そして工夫することも楽しいから、やめられない！

手作りには、いきなりハイレベルなものを作るような背伸びはせず、肩ひじを張らずに楽しむことができるという自分に合った基準、つまり「物差し」のようなものがあると思う。その物差しを見つけて使いこなすことができれば、疲れないし、飽きない。失敗しても行き詰まっても壁にならないから、手作りを長く続けることができるんじゃないかな。

不器用ゆえに遠回りした道のりはそこそこあるけれど、それさえ愛《いと》おしく思える私の手作り人生。そう考えるとほら、不器用でよかった。なんてね(笑)。

深みのある無地のオレンジ色でシンプルなデザインの空き缶を裁縫箱に。ドールの作り方のレッスンにも連れていくので、紙箱では心もとなくて。持ち運びにちょうどいい大きさのこちらを愛用しています。アトリエのカーテンは、着古したブラウスをほどいてリメイクしたもの。はしごレースのようなさわやかな透け模様がお気に入り。ミシンをかけるときはカーテンの裾を格子枠にかけて引き上げ、手もとを明るくしています。

Story 4

ライフワークになったドール作り

私がドールを作るときに心がけていることは、インテリアになじむかどうか。居心地のいい部屋をつくる流れでハンドメイドに入った私には、ドールについてもやっぱり、わが家との相性はとても大切なのです。大好きなアンティークの隣にちょこんと座っている姿や、レースたちに交じってかごの中に納まるくらいのさりげなさがとても好き。

そもそもドールとは、アメリカの西部開拓時代（1860〜1890年ごろ）に端ぎれや古くなった衣服を使って、母親がわが子のために作ったものが始まりといわれているそう。この布製ドールが世界じゅうに広がって、たくさんのオリジナルドールが作られるようになり、今も愛されています。もちろん、私もその一人。

手作りを始めて間もないころのこと。デパートの催事に出展したいと思って面接を受けたとき、ハートのアップリケのクッションを持っていったのですが、見事に落選。次に、別のデパートの手作り展の募集のときには、ベンチに姉妹が腰かけている様子をイメージした、ドールとベンチなどの小物をセットした作品を持っていってみました。そうしたら、「こんな物語性のあるドールが見たかったの！」と褒めていただいたのです。この体験がうれしくて、あの言葉にどれほど自信をもらったことか！

現在、私が作っている「千代ドール」も、もちろんわが家にしっくりとなじんでいます。そして、心の奥に誰もがもつ思い出と、どこか重なるお人形です。かつて作っていたドールももちろん可愛いわが子であり、私の大切な歴史の一部ですが、「千代ドール」は手に取ってもらったときに、知らず知らず笑顔になるような、あたたかな物語を感じてほしいと願って作っています。みなさん一人ひとりに、自由にイメージをふくらませてほしいんです。

私がさまざまな物語を感じながら生み出したドールたちのほんの一部を、次のページでごらんください。あなたの心に触れるドールであれば、うれしいです。

Story 5

おばあちゃんになっても続けたい手作り

裁縫を始めて40年、ドール作りにはかれこれ30年の月日がたちました。でも、作るのが嫌になったり、飽きたと思ったことはまったくなく、楽しさは変わりません。それどころか「布と針があればいつでもどこでもできる！」と心底、思うように。今や布と針は、私の暮らしになくてはならない存在です。

布小物は暮らしに役立つとともに、自分を表現する手段にもなるし、自分を元気にする活性剤でもあります。だから、年とともに手作りの魅力を再認識しています。これから老いに向かって体は衰え、だんだんおばあちゃんになっていくのは間違いないけれど、前向きな気持ちはいつまでももちつづけたい！　頭の中や心を衰えさせることなく、心身ともに元気でいたいと思います。

15歳で母を亡くした私を、母の代わりに可愛がってくれている叔母のツヤ姉は今、86歳。私の生まれ故郷の福島・奥只見で暮らしています。70の手習いで習字を始めて師範の資格を取り、83歳を過ぎてからスマホを覚え、さらに地域で語り部の活動をしています。とにかく元気で、好奇心がいっぱい。そんなツヤ姉を見ていると、「年をとるのも怖くない」と思うようになりました。

SNSでも、93歳の方の「イタリア旅行にピンヒールで行ってきた」というコメントを読んで感動！ イベントで私のブースの列に娘さんと並んでくださった方は84歳でした。長時間、座れないままだったのにとても元気でキラキラと瞳が輝いて。身近でそんな素敵な先輩と出会うと、私も背筋がピンとなります。

アメリカのバーモント州の山あいで18世紀風ライフスタイルを送りながら、56歳から約35年間、ひとり暮らしを楽しんだ絵本作家のターシャ・テューダーさんの言葉に、「老後は自然の贈り物。できなくなったことを嘆くより、できることを楽しみましょう」という一節があります。その素敵な考え方や生き方にならい、私も生涯現役を目指したいと思います。

Chapter 4

人生は何が起こるかわからないから楽しい

Story 1

雑誌の取材から著作本の発売へ

人それぞれに人生の岐路があると思います。私は団地に越して4年目の31歳のときに、インテリア誌にわが家の写真を投稿したことが、大きな転機になりました。あのとき、お父ちゃんが臨時収入でダイニングテーブルを買ってくれたことがあまりにうれしくて！　ビニールの花柄テーブルクロスをかけ、その残り布をタペストリーにして壁に飾ったところを撮影して、写真を編集部に送ったのです。これが目にとまったようで、すぐさま取材に。訪れたライターさんがわが家を気に入ってくれて、次号もその次もと、取材が続くようになりました。

その雑誌と同じ出版社から発行されているハンドメイド誌や料理雑誌からも取材を依頼され、一年に幾度となく、10数年にわたり、わが家が掲載されました。そして取材を受けるごとに、インテリアだけでなくソーイングや料理のレシピ、盛りつけ、テーブルセッティングなどなど、暮らしを楽しむことへの興味がますます広がっていったのです。

途中で雑誌が休刊になったり、新たな雑誌とおつき合いが始まったりと、いろいろなことがありましたが、憧れていたインテリア誌『私のカントリー』で、2年にわたって私の暮らしをテーマにした企画を連載したことは忘れられない思い出です。

それだけでも夢のような出来事だったのに、私の暮らしやインテリアをまとめた単行本が発行されるという提案が！ そのとき、私は49歳。まさか、自分の人生でそんなことが起こるなんて。団地に住むただの主婦の暮らしが一冊の本にまとまるなんて、信じられないこと。

これまでの4冊の著書は、それまでの暮らしに変化をもたらすターニングポイントとなりました。

振り返れば、出会いやタイミングが途切れることなくつながり、楽しい思い出にあふれた恵まれた人生になっていると思います。ただ自分の好きなことを楽しんできただけなのに、なんて幸せなことでしょう！

花を飾る、暮らしに必要な布小物を作る、部屋を模様替えする——日々の暮らしのなかで見つけた、ときめきや楽しみごとを大切にしてきただけ。小さな積み重ねが今の私につながって、人生を変える力になってくれました。

Story 2

50歳からの船出

私の本が出版されると、イベントの参加依頼がふえました。テレビ出演の話まで舞い込むようになり、反響の大きさに驚く日々。私の作るドールへのお問い合わせも多くなり、委託販売ができるお店もグンとふえました。

とてもありがたいことではありましたが、ドールを作っては発送するという作業に少し疲れてきたちょうどそのころでした。私にとって大きな気づきになったのが、読者さんからのお便りだったのです。

「インテリア誌に掲載された毛塚さんの暮らしにいつも癒やされています」

「子育てや病気、介護などの大変だった時期を、毛塚さんの記事を見ることで乗り越えられました」

「千代ちゃんを見るたびに元気が出るんです」

そういう声がたくさん届いたのです。暮らしている環境は違っていても、みんな同じようなことで悩んだり苦しんでいたんですね。以来、この気持ちや好きなインテリアのことを「もっと気軽に自由にみなさんと話せる機会があったらいいのに」と考えるようになりました。

そんなとき、初著書の出版イベントで、表紙にもなっていたソファまわりのコーナーを再現してみたところ、これが好評で。足を運んでくれた方々がとても喜んでくださったことがとてもうれしくて！

お話しする時間もすごく楽しかったので、これからはイベントを中心に活動していこうと、私の作家活動の方針を決めるきっかけとなりました。ドールと布小物だけではなく大好きなアンティークも販売し、さらにわが家のインテリアも見てもらうコーナーを設けることで、生活の提案をする場になったのです。

そのかいあって、お買い物だけではなく、時間をかけてゆっくりと展示コーナーを見てくれたり、おしゃべりを楽しんでくださる、笑顔でいっぱいの会場になりました。最初のころは後ろのほうではにかんでいた人が、何回かお会いするうちに、いろいろなお話をしてくれるようになったこともうれしかったな。
会場で初めて会ったお客さま同士でも、「好き」が同じなのですぐに笑顔でおしゃべりの花が咲き、その輪が広がっていくのを見るのがとても幸せです。

“イベントの前日は毎回、
引っ越しのよう”

什器にも活用する古い木箱や大きな入れ子式トランク、折りたたみ式収納ボックスがパッキングに大活躍。

“イベントのディスプレイは わが家をイメージして”

展示コーナーはキッチンや手芸コーナーなど、毎回テーマを決めています。飾るのはすべて私の愛用品ばかり。大きなブースをまかされたときは、大きなトラックで運んだこともありました。

3 Story

デジタル音痴の私がYouTubeデビュー

イベント中心の充実した日々を過ごしていたころ、降ってわいたコロナ禍は、私にとってても大打撃でした。落ち着くまでどうやって過ごせばいいのか、途方に暮れるばかり。毎年、次女に手伝ってもらいながら私の暮らしをテーマにしたDVDを製作していたのですが、その撮影も断念せざるを得なくなりました。

でも、毎年楽しみにしてくれている方にあまりに申し訳なくて。私自身もステイホームで日常が変わっていく不安を感じていて、みなさまとなんとかつながる方法はないだろうかと、あれこれ可能性を探っていたときです。次女から「YouTubeをやってみない？」と提案してもらったのです。

これで、一大決心！

67歳にしてYouTuberならぬ、「ユーチューばーちゃん」（笑）に。

ただ、インスタグラムに写真をアップする感覚で考えていたら、とんでもなかった！　ステイホーム中のことですから誰かが撮ってくれるわけではないし、すべて自分で撮影するしかありません。でも、自撮りは難しくて。画面に自分が入らなかったりドアップになったり、勝手に上下がひっくり返るし。どうしたら上手に撮影できるか皆目わからないうえ、娘からはダメ出しが。自撮りのための道具すら知らなくて、最初は、悪戦苦闘の繰り返しでした。

ＹｏｕＴｕｂｅをスタートして１００回の投稿を超えた今も、自撮りには慣れてはいませんが、楽しむコツはわかってきたかな？　ですが、ＹｏｕＴｕｂｅの拡散力にはただただ驚くばかり。インテリア好きな人の目にとまり、とてもたくさんの人が見てくれる反響にはびっくり！　ＹｏｕＴｕｂｅをきっかけに多くの方がインスタグラムを見てくれるようになったこともうれしかったです。

さらに、インテリア誌や20年以上も前の著書で覚えてくれていた方や、しばらくインテリアから遠ざかっていた方がＹｏｕＴｕｂｅで私を見つけ、インスタグラムもチェックしてメッセージをくださったり。イベントで懐かしい再会を果たしたこともありました。

インテリアでつながる縁の深さ、あたたかさに、感動せずにはいられません。

同時に、これまでの雑誌や本では出会えなかった方たちに、私を知っていただける機会ができました。YouTubeが、新たな出会いの場となってくれたのです。

自撮り棒や据え置きスタンドが、YouTubeとInstagramのライブ配信の心強い味方に。

Story 4

コロナ禍の苦境で生まれた「糸くい」

コロナ禍のお話をもう一つ。

イベントが次々に自粛になったときは、前向きがモットーの私もさすがにしょんぼり。スケジュール帳の予定が1つ2つとキャンセルになったり、ミシンに向かう気持ちもわかなくなっていました。

娘と電話で話したとき、「大丈夫?」と心配されるほど話し方や声に元気がなかったようです。今まで、次のイベントに向けて頑張ることが当たり前だった私は、スコンと道が途絶えたように、ショボンと気が抜けた状態でした。

危機感を覚えた娘に「何でもいいから作りな!　ダメになっちゃうよ!」と背中を押され、「このままじゃいけない」とインターネットでゴムを注文。マスクを作ってみました。すると目に見えるくらいわかりやすく、気力が満ちてきたのです。

「あー!　やっぱり私には作ることが必要なんだ」と、あらためて感じた瞬間でした。

それからは俄然《がぜん》、やる気が！　ところが、気持ちとは裏腹に布のストックが底をつきはじめます。が、コロナ禍だけに気軽に買い物にもいけません。「それならば生地を作ればいい」と、ため込んでいた端ぎれをつなぎ合わせて1枚の布を――それが、今、私が夢中になっている「糸くい」の誕生のきっかけでした。

「糸くい」とは、ボビンがいくらあっても足りないほど糸を使うのが名前の由来。端ぎれを好き勝手に並べればいいから、難しい布合わせは不要。縫ったあと、違和感のある布があれば、その上にさらに端ぎれを重ねて縫えば、修正も手間がかかりません。種々雑多な色柄の布が並んでもうるさく感じるどころか、ステッチの効果で、やさしいベールをかぶったような風合いに。作っていくうちにやる気スイッチが入り、「こうしたら簡単。こうしたらもっと可愛い！」と、もう夢中。ティーコゼから始まった「糸くい」は、コースターやマットの平面グッズから、ティッシュボックスカバーに帽子のような立体小物、バッグや洋服のワンポイントまで、バラエティ豊かなアイテムへと発展したのです。

インスタグラムに作品をアップしてみたところ、見た方たちがそれぞれの「糸くい」でバッグや小物を作り、コロナ禍明けのイベントに来てくださったときは感動しました。たくさんの人に広まっていくことも楽しみになっています。

とにかく、小さくなっても捨てられずにいた端ぎれの有効活用に最適だし、色とりどりの端ぎれで新しい布を作る感覚がなおさら楽しくて。イベントがなくなって凹んでいた心の穴はどこへやら。4年たった今も、「糸くい」のおかげで創作意欲はまったく衰えず、楽しくミシンがけできる喜びを毎日のようにかみしめています。

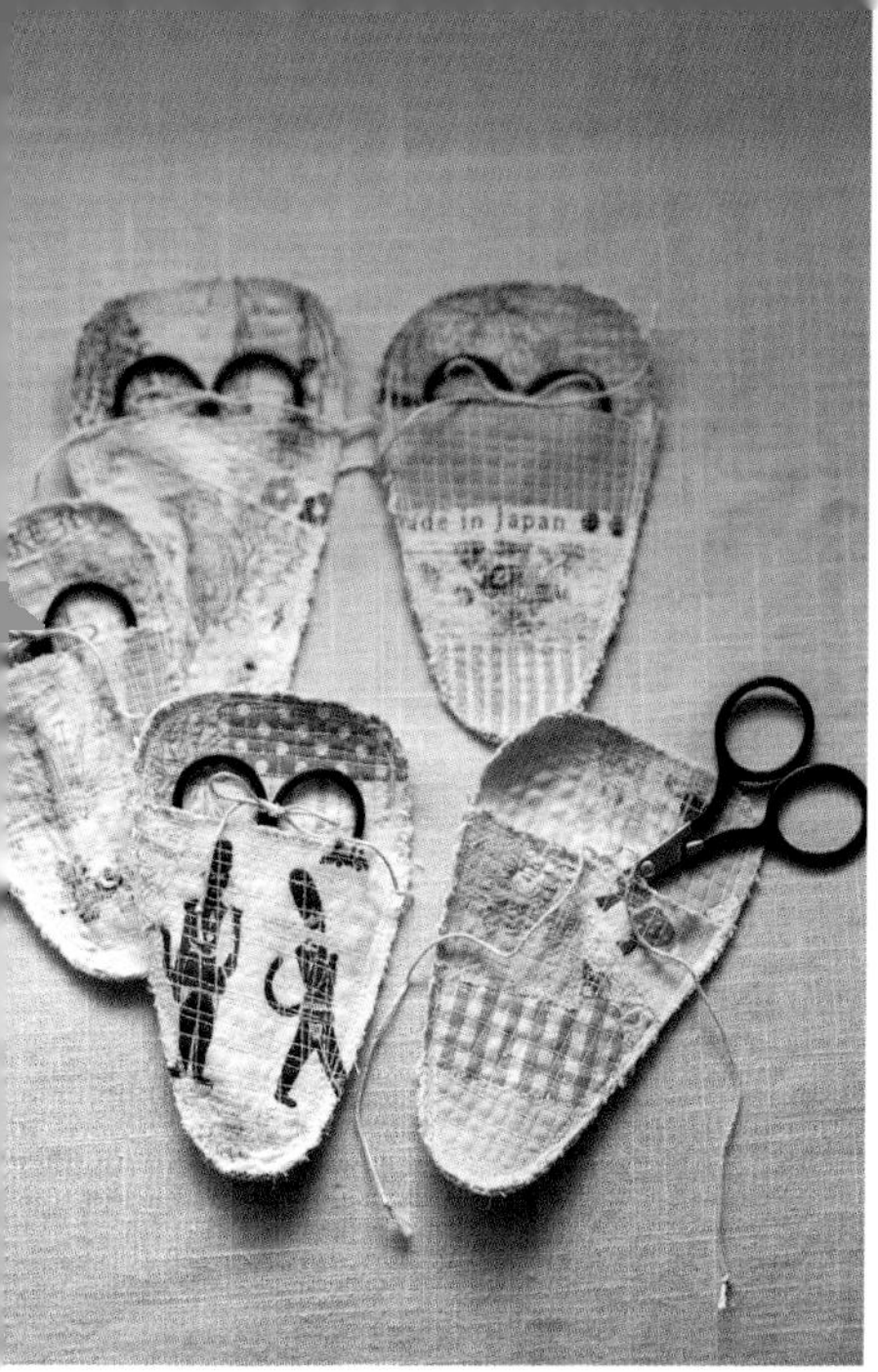
ade in Japan

fabric
kokka
KOK

5 Story

65歳で直面した働き方改革

私は丈夫で健康が取り得。この年になるまで、風邪で寝込んだことも数えるくらいで、元気いっぱいを自負していました。

ところが6年前、帯状疱疹を発病して人生で初めて入院することに。年に6回のイベントに参加し、そのための小物やドール作りで夜遅くまで作業をして多忙だったとはいえ、作る作業はすごく楽しかったし、地方に出かけていろんな人に会えることが私の喜びでもあったのです。イベントの合間にそれなりに息抜きもしていたし、特別疲れていたというわけではなかったんですよ。

なのに、ある日突然、何の前触れもなく、左腰あたりに痛みが走りました。通院ではなく入院になったのだから、それなりに重症だったようです。メンタルは人一倍、若いつもりで元気ハツラツだけれど、体はそれなりの年齢に達しているということを認めざるを得ませんでした。

入院中はベッドの上で近年の仕事の仕方を振り返り、「頑張りすぎて体を痛めては元も子もない」と反省。イベントの出店を少しセーブして、布小物やドールの製作時間にゆとりをもたせることにしたのです。

病気がいいタイミングとなり、仕事だけでなく、遊びも楽しむように方向転換することができました。

折しも、映画や韓流推しも相まって、夜は映画やドラマを見る時間にしたかったことも、これ幸い。昼間の細かな手仕事で疲れた目をいたわる意味でも、夜の残業はやめて夕方4時で切り上げることに。

イベントで販売するためでもあった、アンティークを探すことに重きを置いた仕入れメインの旅の仕方も、観光地や神社仏閣を訪れるなど、自由気ままな旅へと変わりました。

なんたって、体は一つで人生は一度きりだから！

あまり急がず、上手にブレーキをかけかけ、体を休めながら楽しく長～く元気に頑張っていこう！　と、気持ちを一新しました。

COFFEE

私の原点

Column

早春のこごみやふきのとう、穫れたての夏野菜、打ち豆やちまきといった田舎の特産品……福島に住むツヤ姉からふるさと便が届くたび、生まれ育った奥只見の緑豊かな景色、山里の暮らしを思い出します。

幼いころの私はおてんばな自然児。村の仲間と野山を駆けまわり、木登りや川潜《もぐ》りが大好きでした。冬は新雪が積もった小高い丘を段ボールでそり遊び。夏は川底に隠した白い石を探しに潜りっこ。空き缶を見つけると縄を回して竹馬代わりにして、ポックリポックリ。真っ黒に日焼けした元気いっぱいな子どもでした。

自然の生きとし生けるものに触れるのも当たり前のこと。羽化したばかりのトンボは羽も体も透明に透き通っているのに、数時間後に成虫に変わったときの驚き。畑から抜いたネギを虫かご代わりにして蛍を入れ、翡翠《ひすい》色に光る葉身を飽きずに眺めながら家路に。その蛍を蚊帳《かや》に放し、移ろう光を見ながら寝るのが夏の楽しみでした。

田舎で過ごした時間が、ベランダで自然の不思議や美しさに感動する今の毎日に、重なっているような気がしてなりません。

節分の日は、近所の家をまわって豆をまいてもらうのが慣わし。パッチワークなんて言葉もないころ、母が縫ってくれた継ぎ接《は》ぎの布袋に、豆を入れたことを思い出します。

実家の居間には大きな水屋があって、右端から母、姉、兄、私、父の順に、引き出しを1杯ずつ自分の持ち物入れに。筆箱やノートのほかに、年に何回しか買えなかった少女漫画の付録や、近所でもらったお菓子を大事に入れていました。

年に一度の学校の先生の家庭訪問では、張りきって板の間をぞうきんがけ。庭に咲いた黄色の花を摘んで飾っていたことも。私が今、家でやっているようなおもてなしを、そのころすでにしていたのかと思うと、なんだか不思議ですよね。

色鮮やかなおもちゃや人形、お菓子とは無縁だったあのころ。四季折々の自然がいつも遊び相手で、何もないなかで楽しみを見つけることが当たり前でした。

すべてが懐かしく愛《いと》おしい。

幼いころの日々が、素朴な味わいのドール作りや、今の私につながっているとあらためて気づかされます。

Chapter 5

ときめきの数だけ幸せがふえます

Story 1

インテリアとは、どう暮らすかということ

いくつになっても、ときめきって大事。好きなことがたくさんあればあるほど、「幸せの数」が多くなると思うのです。

「ときめく！」といって真っ先に思いつくのは、インテリア。部屋づくりや模様替えは、どれだけ暮らしを豊かなものにしてくれたか、計り知れません。

そもそもの始まりは、まだアパートに暮らしていたころ、長女が通う幼稚園でインテリア好きなママ友に出会い、お宅に遊びに行ったことでした。そこは社宅だったけれど、カーテンも家具も、とにかく可愛くて！　手作りと既製品を上手に組み合わせたり、観葉植物を置いていたのが印象的でした。自分の家がとても味けない空間に感じたのです。

その日から「暮らす」とはどういうことかを考えるように。それまでの殺風景な部屋から、どうやってあたたかみのある部屋に変えようかと、あれこれ工夫を凝ら

しました。

植木や苗木をよく買いに行き、ベランダガーデンを始めたのもこのころです。

団地に引っ越した当初は子どもも小さくて、模様替えにかかりっきりではなかったけれど、子育てのストレスも、大好きなインテリアづくりがあったから、楽しく乗り越えられたのでしょうね。

つくづく思うのですが、模様替えといっても、雑貨の並べ方をちょこっと変えるだけのような、誰も気づかないような変化でも楽しいものです。

「かごにマットを敷いたら、なんか可愛くなった！」

「ドールをかごいっぱいに詰めてスツールにのせたら、素敵なコーナーに！」

そんな小さな喜びにその日一日が楽しくなって、明日へとつながっていく。部屋づくりは、私の人生にとって必要不可欠。インテリアをとおして楽しく暮らす術《すべ》をたくさん学んだといっても、過言ではありません。

Story 2

アンティークは心の栄養

洋書がインテリアのバイブルになったころから、憧れのページには必ずといっていいほど登場していたアンティーク。現行品にはないデザインや質感にいつも胸をときめかせていました。ショップに行く日は前の晩からワクワクドキドキ。内職で貯めたお金でようやくゲットしたお目当てのアイテムがわが家に仲間入りしたときのうれしさは、言葉にできないほど。遠い異国から海を越え、時代を超えてやって来た物語や、捨てられることなく長い間、大切に使われてきた背景に思いをはせると、なおさら愛《いと》おしくて。アンティークは私の暮らしに夢も届けてくれました。

思いがけず、海外にアンティークを見に行く機会にも恵まれました。大規模なマーケットはもちろん、老夫婦が営むような田舎の小さなお店でも、洋書や洋画の予備知識でふくらませた夢の世界が目の前に広がって、心が躍りました。ガラクタ置き場のように無造作に積まれた大量のアイテムからお気に入りを見つける時間は、

「洋書に載っていたはちみつ色のミキシングボウルに出会っちゃった〜」「琺瑯《ほうろう》のメジャーカップとエッグスタンドだ！」と、宝探しが楽しくて仕方ありません。

現在、リビングのキャビネットに飾っている3連の鏡は、洋書でページをめくっては「素敵だなあ」と何年にもわたって憧れつづけたもの。パリの蚤《のみ》の市で偶然、見つけたときは不思議な縁を感じました。

なかには、「これはいったい何に使うの？」と正体のわからないものも。勝手口のドアストッパーに使っているハンドル付きの鋳物がミートプレスだと知ったのは、ずっとあとのこと。トーストスタンドをカード立てに、サボンラックをカトラリー入れにと、実際の用途とは違う使い方を工夫するのも楽しみの一つです。

幸せな出会いにたくさん恵まれたおかげで、今はもっともっとふやしたい気持ちよりも、縁あってわが家に来たお気に入りをしまい込まず、毎日のように愛《め》でて大切に使うことが喜び。居場所を変えるだけで違う魅力を発見したり、ほかの雑貨と新たな組み合わせを見つけたり。アンティークは想像をかき立て、模様替えをますます楽しくしてくれる心のサプリメント。大切な宝物であり、栄養なのです。

卓上ダストパン＆ブラシ

テーブルに落ちたパンくずをきれいにするブラシとちり取り。こんな暮らしをしていたのかしらと思うだけでワクワク！　アメリカで作られたアルミ製。

コランダー

浅くて丸みのある形や猫脚にひと目ぼれ。水きりに使うほか、パンや果物入れとして食卓に置いても美しい。1818年創業のフランスのPillivuyt社製。

ピッチャー

おもてなしの必需品！ デトックスウォーターはもちろん、市販のジュースでも、スペシャル感漂うドリンクに早変わり。広口で深さがないから洗いやすい。

ピンクッション

左側の小さな陶器は、鳥の水入れだったそう。足付きの針山は、アメリカでドライブ中に立ち寄ったアンティークショップで見つけました。

イギリスの陶製容器

陶器の質感や転写プリントで印字されたロゴがお気に入り。ガラス瓶がない時代、マーマレードや歯磨き粉用の容器だったなんて信じられないでしょ。

ガスオーブン

アメリカのオレゴン州からはるばるやって来たわが家のシンボル。実際に煮炊きはできなくても、収納&ディスプレイのステージに役立っています。

3 *Story*

旅は頑張った自分へのご褒美

旅の準備

旅は出発する前のプラン作りから楽しむのが決まりごと。一緒に行く友人たちがわが家に集まり、ランチをしながら計画を立てるのが恒例です。

ガイドブックを片手に、まずはスケジューリング。8回も訪れたパリはしだいに要領よく、「あそこに行くにはこの地下鉄だよね」とか、「大きな駅は迷いそうだし、小さな駅で乗り換えるほうがラクかな」など、地図を見ながら話をはずませます。蚤の市の道筋の景色が浮かんだり、焼きたてのクロワッサンの香りがよみがえってきて、すでに「心はパリ！」。好きなものが共通の仲間と行くから余計に、旅の前から大盛り上がり。ＬＩＮＥのやりとりには、旅の期待感が満ちています。

旅って、日常から離れることができる非日常のイベント。その楽しみを暮らしに取り込むことで、旅以外の時間もエンジョイするのがモットーなのです。

そんな私ですが、恥ずかしながら30歳ごろまで一人で電車にも乗れないほど。旅行は盆暮れに、田舎や親戚の家へ家族で向かうくらいでした。あとは、長野県白馬村にあった「天気図」というペンションにお父ちゃんに連れていってもらうことが、年に一度の楽しみ。残念ながら、だいぶ前にクローズしてしまいましたが、インテリアの教科書のような世界観には、今思い出しても胸がときめきます。

そういえば当時も、何カ月も前から旅に持っていく新しいバッグや洋服を手作りして、その日が来るのを指折り数えて待っていたっけ。

なのに、宇宙より遠いと思っていたアメリカやヨーロッパに気軽に行くようになったのだから、われながらびっくり。さらに、自炊ができるアパートをパリで借りたり、フランスの高速鉄道TGVで南フランスに足を延ばしたりと、旅友と自分の力でできることはチャレンジできるようになったのです。

言葉の壁とか苦手意識を振り払い、できないとは思い込まないで、「なせばなる!」。旅はいろいろな意味で、私の自信につながりました。

旅の効果

数年前まで、旅の目的はインテリアと仕事のためといってもいいくらい。アメリカ、フランス、イギリス、どこに行っても、観光はさておき、蚤の市でアンティークを探すことが楽しみで仕方なかったのです。蚤の市の片すみでドールのアクセサリーに使えるガラス玉やビーズを見つけた喜び、パリの手芸屋さんでフレンチカラーのフェルトを好きなだけ切り売りしてもらったときの浮き立つ心は、今も鮮明。旅は創作意欲をかきたてる最高の場であり、時間でもありました。

私のドール「アルルの婦人」は、南仏のアルルで催されたお祭りでインスパイアされたもの。地元の老若男女が民族衣装を身につけたパレードに、「ロングドレスにショール、手にプチポワン、髪は結いあげ……」とイメージがむくむくとふくらんで、帰国後、いの一番に作りました。

２０１９年にフランスと韓国に行った以降はコロナ禍もあり、海外には行けていませんが、またいつか訪れたいと思っています。

いっぽうで近年は、気の合う友人と国内旅行を楽しんでいて、「とにかく興味のあるところへ行ってみよう！」とガイドブックを見て夢をふくらませています。

昨年末に行った福岡は、私の九州初上陸&グルメ都市・博多に行くとあって期待感マックスに。次から次へと時間に追われる旅ではないから、スケジュールどおりにいかなくてもご愛きょう。有名な北九州市の折尾駅の駅弁売りを見たくて、目的地の手前でわざわざ下車したのにお休み……という残念なオチにも、「詰めが甘くてウチラらしい！」と大笑い。お腹が痛くなるほど笑って、食べて、大満足の旅でした。

帰ってから、カフェで食べた明太クリームチーズトーストや、念願の屋台で味わった明太子入り卵焼きの再現にチャレンジ。「糸くい」の袖口カバーは、太宰府のおみやげ屋さんで見かけたものをヒントにしたもの。レシピから新作の小物まで、旅で得た収穫がいっぱい。旅の醍醐味《だいごみ》をフルコースで味わいました。

今年も大きなイベントが終わったら、ご褒美として新たな旅を計画中。行きたいところがたくさんありすぎて、ワクワクが止まりません！

1

4

3

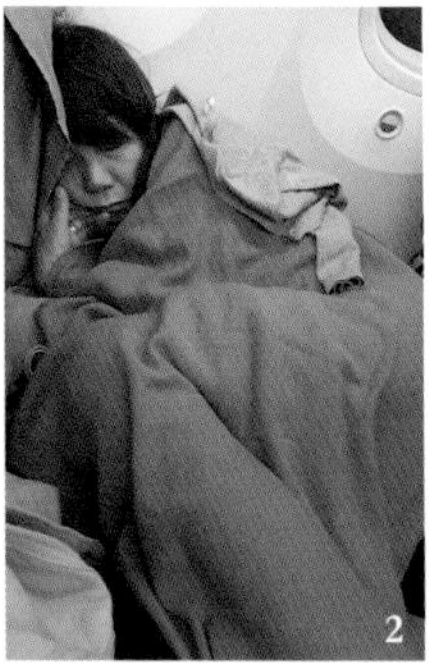

2

1「バラ村」と呼ばれるフランス・ジェルブロワへ。パリでアパートを借りたことも忘れられない思い出。**2** 機内で映画を鑑賞したあと、爆睡中。**3** 私のドール教室開催に向けて、台湾へ出発。台湾にも熱心な手芸好きな人が多く刺激になりました。**4・5** 仲よしの「なんちゃって 4 姉妹」とのパリ旅。蚤の市へ向かう途中、地下鉄ではぐれた珍事も。**6** 韓国で大好きなドラマの聖地巡礼中。**7** この本を作っている最中、リフレッシュも兼ねて北海道へ。

Story 4

夜はシアタータイムに

映画は昔から大好き。興味のあるものが公開されると、すぐに映画館へ見に行きました。今も映画館に足を運ぶけれど、最近はネット配信で見放題！　仕事を切り上げ、夕飯を片づけたあとのシアタータイムが日課です。

配信はテレビと違って一時停止すれば、好きなときにトイレ休憩ができるし、展開が不安なときは結末をあらかじめ確認したりして、安心して鑑賞できるのが何より。数あるラインナップから、今日はどれにしようかとワクワクしながらセレクトし、ソファやふとんに寝転んで、リラックスしながら見るのでオフモード全開です。

人生がギュッと詰まったお話や、ハートウォーミングなストーリーに感動することも、映画の魅力の一つ。人種の違う2人が友情を育むヒューマン映画『グリーンブック』は特に大好き。お気に入りの俳優さんが出ている映画で選ぶのも楽しいですね。昔から好きなのは、キャサリン・ヘップバーンです。

でも、何といっても劇中に登場するインテリアが、私にとっては映画鑑賞の醍醐味。題名や出演した俳優さんの名前は記憶のかなたでも、素敵なインテリアは鮮明に覚えています。特に洋画は、インテリアを学ぶ最高の参考書といっても過言ではありません。「あっ!」と思ったら一旦停止。巻き戻してじっくり見るのが常。心ひかれたディスプレイをわが家で真似したことも、一度や二度ではありません。

よく思い出すのは、キャメロン・ディアスが出演した『ホリデイ』。都会と田舎に暮らす女性が互いの家を交換して、2週間のクリスマス休暇を過ごす物語ですが、田舎の家が可愛くて! 『マディソン郡の橋』では、メリル・ストリープが演じた主人公のキッチンもよかったなあ。『プロヴァンスの贈りもの』は、美しい景色を見ながらの食事シーンが素敵で、こんな暮らしもしてみたいと憧れました。

昼間の仕事を終えた解放感と達成感も相まって、心は晴れ晴れ。2時間ほどの幸せ時間をたっぷり堪能《たんのう》しています。

5 *Story*

韓流推しになりました

次女がファンの「ＦＴＩＳＬＡＮＤ」のコンサートに、「チケットが余っているから」と連れていかれたのが、韓流との出会い。正直、そんなに興味のなかった私は、始まるまで所在なく席についていました。ところが始まったとたん、立ち上がって大声で「キャーキャー！」と大興奮。韓流スターのファンミーティングに行くまでになりました。特に「２ＰＭ」のイ・ジュノさんに夢中で、今やライブでは「ジュノ〜！」と叫びながら熱唱！　年がいもなくずっと立ちっぱなしで、腕を振り上げ、椅子に座るのは5分くらい。体調のバロメーターにもなっています(笑)。

衛生放送で放映されていた韓流ドラマにも出会いました。

こうして、ライブとドラマ&映画にどっぷり浸《つ》かった韓流ブームが到来！　そのうち韓流好きな友達ができて、「推し活」にますますどっぷり！　ドラマやライブの話が尽きません。

5年前にはとうとう韓国行きを決行！　ロケ地をめぐったり、カフェで主人公と同じ席に座ったりと、韓流ファンお決まりのコースを堪能。ウキウキしながら歩きまわっていたら、すっかり健脚になっていました。韓国は坂と階段がとても多いので、元気でないとまわりきることはできないのです。

美食から文化までいちばん近い外国なのに、これまで知らずにいた韓国の魅力を知ることができました。「次回は紅葉の季節に行きたいね！」と楽しみが広がります。

テレビはソファ脇のキャビネット下段に入れ、見ないときはカーテンで目隠し。映画やドラマは、一時停止をしやすいスマホやタブレットで鑑賞します。

6 *Story*

自然の不思議に感動するガーデニング

ある日、ベランダの鉢に見慣れぬ葉が生い茂っているのを発見！　個展やイベントでいただいた花束のグリーンを水に挿し、根が出た子をベランダの鉢に挿し木にしているので、初めはてっきり、その1本だと思っていました。

でも、見たことのないギザギザ状の葉。それに朝方や夕方になると、葉が閉じるものですから、「おじぎ草かな？」と。そのわりには、お辞儀を見たことがありません。エバーフレッシュかと思って「エバちゃん」と呼んでいたのですが、3年後、ねむの木とわかりました。苗木を植えた覚えはないので、鳥が運んでくれたこぼれ種かな？　こんなに狭いベランダの小さな鉢に鳥が届けてくれたプレゼントとは、なんという奇跡でしょう！

その後、ねむの木はみるみる大きくなり、フェンスを越えてお日さまと仲よしに。ベランダの床に映るギザギザの葉の陰影は、ボタニカルアートのように美しくて、極上の絵画を見ているよう。そして、数年たった初夏、冠をパッと広げて飛び立つフェニックスのような花を咲かせたのです。金平糖のような形の蕾《つぼみ》が膨らんで花開くまでの過程も面白くて、毎日、ベランダが気になって仕方ないほどでした。

ねむの木に限らず、小さな草花に至るまで、私のベランダは自然の不思議がいっぱい。ねむの木が落葉しはじめたらもうじき冬が来ること、アイビーやムスカリの小さな新葉が出てきたら春……季節の訪れをいち早く教えてくれます。

友人がプレゼントしてくれたオリーブの木がベランダに仲間入りして数年後、枝葉の間に小さな実をつけたときの驚きと喜び。イチゴの葉先に、クリスタルのピアスのようにキラキラ輝く朝露のしずくは、時間を忘れて見ほれるほどの美しさ。草むらでよく見かけるネジバナが鉢からひょっこり顔を出したときも、ピンクの可憐な小花が毎日らせん段階を上っていく気高い姿をワクワクしながら観察しました。

季節の変化だけでなく、毎日、時間によって表情が刻一刻と変わることも、私を魅了してやみません。

「今日は何が咲いているかな」

「蕾は大きく膨らんだかしら」

毎朝欠かすことのないベランダパトロールでは、枯れ葉を拾いながら、片道8歩のベランダを行ったり来たり。小さな変化も見逃したくない思いと、けなげに生きている姿が胸を打つほど愛おしくて、なかなか部屋に戻れません。

せっかく実ったオリーブが雨で落ちやしないか、風で葉が飛ばされやしないか心配もたくさんするけれど、毎日、草花に手をかけ、話しかけ、愛情を注ぎ……ベランダの植物から元気と幸せをもらっています。

鳥の羽根に似た葉っぱもきれい。5月の初め、豆つぶくらいだった蕾がだんだん膨らみ、こんなに可愛くなり、6月半ばに開花します。

Story

7 ときめきは暮らしのそこかしこに

インテリアや推し活、旅行、映画鑑賞のほかにも、ファッション、おいしい食べ物、夢、手仕事など、ときめくものが私にはいっぱい。

大げさに考えなくても、暮らしのなかにも小さな楽しみごとはたくさんあるものです。

たとえば、空を眺めることもその一つ。毎日欠かさず、朝、昼、晩と見ていますが、1日として同じ景色はありません。横断歩道のような縞《しま》模様の雲が広がっていたり、自然派の画伯が描いた絵画みたいだったり。恐竜のような雲がぽっかり浮かんでいると、「見て、見て！」って誰かに教えたくなります。雨上がりの空には虹を見つけたり、夜は月を探しにベランダに出たり。

お買い物の行き帰りに見上げる空や、車窓からの景色にもときめきます。

私は楽しみを見つけるのも得意なのかも。ベランダで摘んだグリーンや花を部屋に飾ったり、来客の日はハーブをひと枝カットして、玄関やトイレにさわやかな香りをプラス。キッチンから漂うコーヒーの香りや大好きなトマトリゾットのグツグツと煮える音、温野菜やラタトゥイユのビタミンカラー……。

ちょっとしたことで暮らしは豊かに変わります。

「明日は何しよう」「何を食べようかな」「何を着ようかな」

そう考えるだけでも、楽しくて仕方がなくなって、自然と笑顔になっています。

自分の気持ちや心がけしだいで、気分や一日がハッピーに変わるようです。

ときめきは、わが家のそこかしこに隠れています。

Chapter 6

毎日を心地よく過ごすための心がけ

Story 1

1年・1日を同じリズムで

私の1年は、参加するイベントや、気の合う作家さん4人とによる「仲間展」のスケジュールがまずありき。この予定が決まったら、逆算して計画を立て、作品の目標数の製作に取りかかります。イベントの1カ月前はたいていラストスパートで、遊びの約束はしばらくお預けに。

その代わり、イベントが終わったら、ご褒美月間にシフトチェンジ。製作期間やイベントのときはオン、仕事から解放されて遊ぶときはオフタイムとして気持ちを切り替えます。予定はほとんどが1年前に決まるため、スケジュールが立てやすいのです。映画や舞台、コンサートなど楽しみが先に控えているから、それを励みに仕事を頑張るというリズムやメリハリができて、心地いいんですよ。

1日の過ごし方もルーティン化。朝の起床から就寝まで、時間ごとにゆるく決めて過ごしているので、気持ちが安定します。

ちなみに私の1日は、朝5～6時に起きて、雨の日でもベランダで外の空気を浴び、草花にご挨拶《あいさつ》。7～8時に掃除、身支度、化粧、お茶を終わらせて9時から仕事。11時半の昼食のあとに再びベランダパトロールをして、1時間後に仕事を再開といった具合。1日の締めくくりは、ベランダで夕日を眺めてのんびりタイム。

きっちりとスケジュール化しているわけではないので、友達から急なお誘いがあれば、ひょこひょこ出かけていって、おしゃべりしてリフレッシュ。「仕事を頑張ろう！」とリセットできます。

毎日更新しているインスタグラムは、作品を撮影して公開することを習慣化することで、励みにもなっているのです。

こんなふうに決まったリズムで過ごすので、1年はもとより1日のオンとオフの切り替えもスムーズ。「明日もいい日になりますように！」と夜、ふとんに笑顔で横になることができます。

Story 2

掃除で部屋と心を整える

ある程度は仕方がないけれど、テーブルが物置きになっていたり、ソファや床に洗濯物、脱いだものが散らかった状態は避けたいもの。気持ちよく暮らすために、家事のなかでも掃除はとりわけ大事と思っています。

私は1日2回、朝と夕方に掃除機をかけて、仕事が終わったら広げた布や裁縫道具を元の場所に片づけ、ミシンまわりを整えます。「明日もミシンを使うからそのままに」という考えは×。アトリエの床は糸くずやホコリがたまりがちですし、リビングやダイニングは風ボコリで汚れるから、夕方のモップがけが欠かせません。掃除で部屋がきれいになることで、心も整い、オンとオフのリセットにもなっているのです。

数年前に、掃除機を手軽で軽量なスティッククリーナーに替えたら、掃除がいちだんと楽しくなりました。床がきれいになったら、アトリエの押入れに吊り下げて充電。すぐに取り出して使えるので便利です。

購入したスティッククリーナーは、吸い取った量が一目瞭然《りょうぜん》なところも重宝。ホコリがドーナツ状になって排出されてくるのが快感です。また、ノズルの先端に緑色の光がついていて、床のホコリを見つけてくれるんです。

掃除後の気持ちよさに感動し、ベランダにもお下がりのコードレス掃除機を置いて、ぞうきんがけも習慣に。髪の毛や枯れ葉、土で汚れがちだった床面が、まるで室内のようにきれいになります。マットを敷いて素足になると気持ちいいですよ。

掃除をするときは、腰だけをひねったり、腕を大きく曲げ伸ばして、「いちに、いちに♪」。ソファやカップボードの下は、お相撲さんが四股《しこ》を踏むように股関節を開脚してみたり。ミシンに向かいっぱなしで凝り固まった体をほぐし、腕や腰の運動を兼ねて軽快に、リズミカルに掃除機をかけています。

3 Story

家事を効率よく

私は洗濯物をためておくのが苦手。子どもたちがいたときはもちろん、お父ちゃんと2人暮らしになって洗濯物が少なくなっても、洗濯は日課。ベランダにはいつも洗ったものが気持ちよくはためいていました。太陽の光を浴びて、風に揺れるさまを見るだけで幸せに感じたり。取り込むときの日向《ひなた》の匂いも大好きでした。

でも、団地の大規模修繕工事をきっかけに、ベランダをくつろぎ空間に模様替え。衣類乾燥除湿機を購入して、洗濯物は夜、室内で干すことにしました。今までは朝、起きて洗濯機のスイッチオン。モーニングコーヒーと同時に洗濯も終わらせ、ベランダまで運んで干すのがルーティンでしたが、今や夕食が終わってからがランドリータイム。乾燥機のおかげで洗う、干す、乾かす、たたむまでが朝には完了。

午前中に集中していた家事が分散できて、一日の過ごし方が有意義になったと感じています。

室内乾燥機の除湿効果で結露がなくなったのもうれしい効果。たっぷたっぷにたまったタンクの水は、植木鉢にあげて有効に活用しています。

外干しのときは出かける前や仕事中も、雲行きが怪しくなるたびにソワソワ。室内干しではそんな心配もなくなって、ベランダでのティータイムもさらにゆったりとした時間になりました。

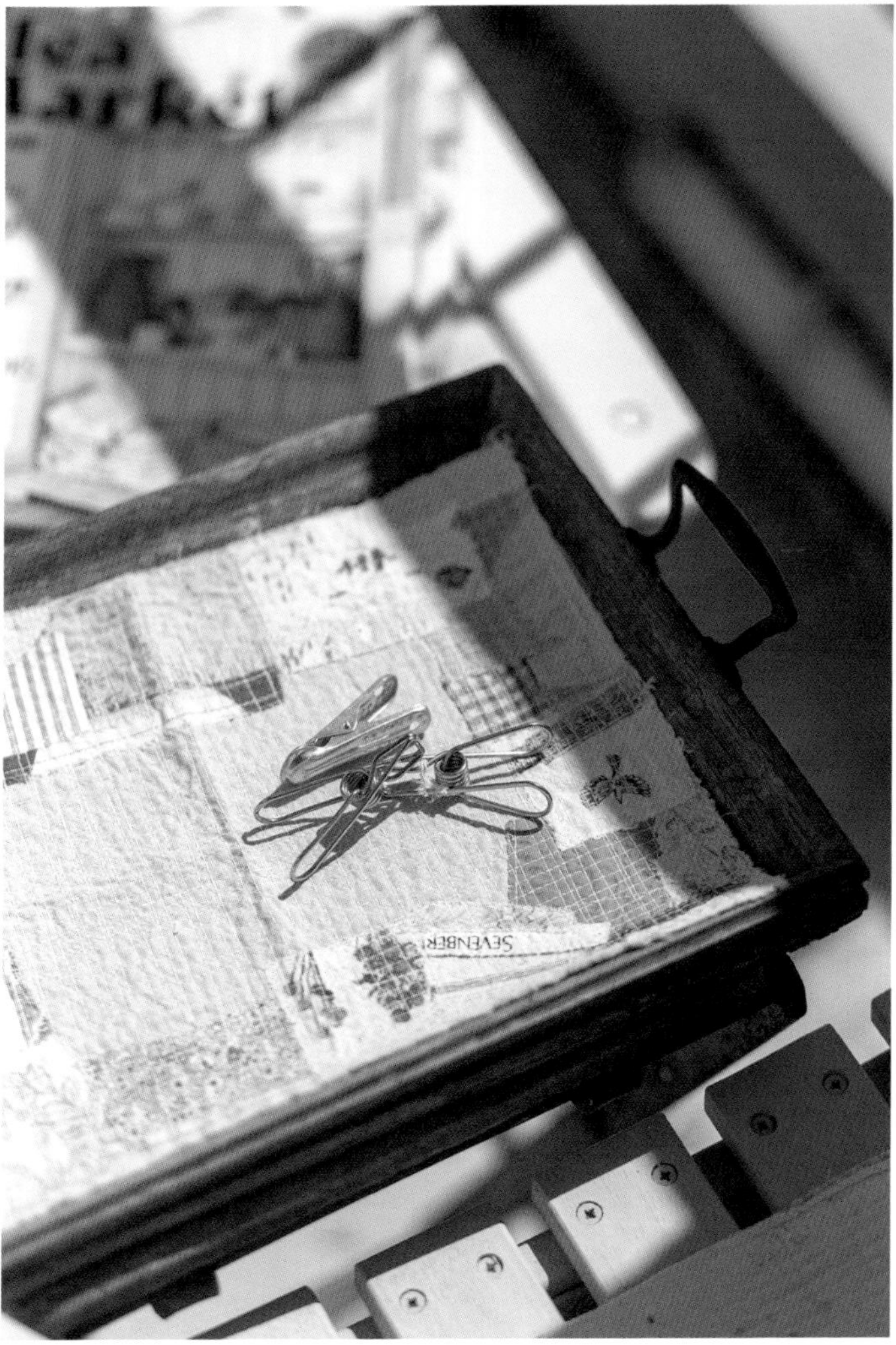

Story 4

健康に老いるための食事作り

野菜がとにかく大好き。食べると体が喜ぶような気がします。なかでも、トマトは欠かせません。

お客さまをもてなすランチも野菜中心。特に喜ばれているのが、焼き野菜。フライパンでズッキーニ、パプリカ、ミニトマトなどとローズマリーを一緒に焼くだけで絶品のおいしさ。そうそう、最後にバルサミコ酢のひと振りをお忘れなく。

ほかにも、ナスや玉ネギ、セロリ、にんじん、トマト、冷蔵庫の残り野菜をお気に入りの土鍋で煮込めば、ラタトゥイユの完成。冷凍トマトと冷凍ご飯をグツグツ煮るだけのトマトリゾットも定番。手間ひまかけず、簡単にできる料理が私の基本です。でも、おいしいんだよね！

これらをテーブルにズラリと並べると、「こんなに野菜をたくさん食べるのは久しぶり！」とお客さまも喜んでくれます。「野菜って、こんなにおいしいものでしたっけ?」と驚かれたことも。

食べるときはもちろん作るときも、食は体だけでなく心を豊かにしてくれる大切な栄養剤だと感じています。

食事は毎日のことだから、頑張りすぎないで、総菜だって大歓迎。たまに日曜日の夕飯はお父ちゃんがスーパーに買い物に行って、食べたいおかずを買ってくるのも恒例です。

夫婦2人の暮らしになった今、「お互いに健康でいようね」と適度に手抜きしながら、楽しくおいしい食生活を心がけています。

もちろん、野菜中心でね!

千代流トマトリゾットの作り方

材料

冷凍したご飯…茶碗1杯分
冷凍トマト…ご飯に対し1・5倍くらい
コンソメキューブ…1個
カマンベールチーズ…好みの量(粉チーズでも可)

作り方

1 冷凍トマトは水道の水を流しながら皮をむく。
2 電子レンジに2〜3分かけて、少しやわらかくしてからヘタを取る。
3 鍋に入れて、スプーンなどで粗く崩し、コンソメキューブを入れる。ふたをして中火にかける。
4 トマトが煮崩れたら冷凍ご飯を入れ、そのまま煮る。
5 煮詰まったらカマンベールチーズをちぎって入れ、チーズが少し溶けたら完成。

Story 5

年齢に合った美容と着こなし

外出するしないにかかわらず、毎朝、顔を洗ったらお化粧をするのが、私のルーティン。髪を整え、メイクすることで、一日の始まりのスイッチがカチッと入ります。「誰に見られても恥ずかしくないように」というよりは、自分のテンションアップのため。身なりをきちんとすることで、気持ちや日常が整う気がして、日課になりました。

いちばん好きなのはアイメイク。表情がパッと華やぎ、元気に見えるから気合が入ります。特にマスカラは、上手に仕上がったときに瞳が生き生きと輝いて見えるからやりがいがあり、21歳の孫のおすすめ品を愛用しています。

目のお化粧に気をくばるようになった出来事の一つに、数年前、イベント会場で私を見た娘から「瞼《まぶた》が下がって、目に元気がなくなって見えるよ」と言われたことがあって。これをきっかけにアイプチに挑戦。確かに目もとが明るくなりました。

フェイスラインも気になるお年ごろ。リフトアップ用のプレートで首や耳の下をマッサージ。朝晩欠かさずにしています。飽きっぽい性格にしては珍しく、三日坊主にならずに続けていたら、娘から「効果が出ているんじゃない？」ってうれしい言葉をもらいました。

お化粧ひとつで気分がハッピーになれるのですから、楽しみながらあれこれチャレンジしています。

私のお化粧道具一式。ブランドにこだわらず、気になるものを果敢に試しています。

FIRST AID

おしゃれも大好き。以前は「明日は何を着ようかな」と眠る前にワクワクしながら選んでいたけれど、最近は朝の気分でコーディネートするようになりました。旅行やイベントに行くときの洋服も、左のページの写真のようにざっくりと組み合わせを考えて持っていきます。

洋服は、家でざぶざぶ洗えるナチュラルテイストが若いころからの好み。ウエストにゴムを入れた手作りのロングスカートに白いブラウスとカーディガンの組み合わせが、大のお気に入りでした。

でも、いつのころからか、「ギャザースカートが似合わなくなっているな〜」と。かといって、ダボッとした服は私らしくない気がして。

そんなとき、体形を程よくカバーできるAラインのワンピースに出会いました。以来、同じデザインで色違いを愛用しています。その時々の自分に合わせて、似合う洋服を見つけていけたらいいなと思っています。

メイクと同じように気をつけているのがヘアスタイル。月に一度の美容院通いで美容師さんからの的確なアドバイスに大きくうなずいたり、新しい美容情報を聞くのも楽しい。髪の毛のボリュームやこしも変わってきているので、ドライヤーを遠赤外線タイプにしたり、パサつき感がないようにオイルやヘアジュレについてもアンテナを張って、気をつけています。

7 Story

大規模修繕工事も幸せ時間に

困ったとき、嫌なことがあるとき、「マイナスをプラスに変える」がモットー。何事もプラス思考に切り替えるのが、私の心がけです。

3年前、団地で行われた大規模修繕工事のときもそうでした。ベランダにはプランターがたくさんあるから、片づけるだけでおおごと。おまけに期間中、足場や垂れ幕で覆われた状態が何カ月も続くと考えただけで、気分が滅入ります。

でも、そんな泣き言は言っていられないので、まずはベランダの片づけから着手。10年に一度の大掃除とばかりに、古くなったフェンスや鉢を処分。たくさんのプランターをひとまず日の当たるリビングに大移動させたら、さあ大変！　テレビを見るのもままならない状態になりました。

覚悟はしていたものの、雑然とした景色には落ち着かなくて耐えられません。このとき、「この先長い間、嫌な気持ちで暮らすよりは、楽しく過ごしたい！」と思

工事終了後の青写真をイラストに描き起こしていました。だいたいこのとおりに完成！　オリーブやねむの木をフェンスに並べたのは、日当たりや風通しのほかに、お父ちゃんの部屋の目線隠し役も兼ねています。

ベランダで使っていたフェンスやパーゴラを活用した窓辺のガーデンルーム。
お気に入りの「ロイドチェア」に座り、今しかないひとときを楽しみました。

いついたのが、リビングの温室化計画です。

ベランダから撤去したパーゴラやアーチ、格子をコーナーにうまく配置して、ドールやリースを飾ったら、「あら素敵！」。室内に草花やグリーンがこんなにたくさんあるなんて、この時期しかありえないこと。ソファに座ってお茶をすれば、洋書で憧れていたサンルームでくつろいでいるみたい。毎朝の水やりもいつもと違う気持ちで楽しめました。こうして遊んでいたから、垂れ幕の閉塞《へいそく》感に滅入るひまもなく、工事の3カ月はあっという間に過ぎました。

空っぽになったベランダは、使用可の張り紙が出されたその日に行動開始。勝手口のコーナーをアンティークのレースや刺しゅうの布で囲って小さなテントハウスに。レースの透け模様に光がさし込むと、それはきれい！　布を替えるだけで、いろんなスタイルのテントハウスが生まれてくるのが面白くて何度も繰り返し、友達を呼んでお茶したり、ランチしたり。最高に楽しい時間を過ごしました。

発想を転換すれば、マイナスはプラスへの入り口！　憂鬱《ゆううつ》な時間をただひたすら辛抱&我慢しなくても、楽しみを見つけられるものだと確信できました。

私が大切にしている

Key Words 10

人生で教訓のように大事にしていること

1

しなやかに生きよう

強くなろうと頑張りすぎてしまうと、いつの日か、心がポキッと折れてしまいそう。だけど風に吹かれる柳の枝のようにやわらかな気持ちでいたら、たとえ倒れても、ぴょ～んと跳ね上がって元に戻れます。そんな柔軟な心をいつまでも大切にしたいです。

2
••• 主婦と仕事が私の2本柱 •••

私が好きなことを続けて、無理なく仕事につながったのは、まずは「家庭を一番」に考えていたから。ここが安心してやすらげる場所でなかったら、私の仕事は成り立たない。本当に大切なものを見失わずにいれば、仕事も頑張れるのだと思います。どちらかが欠けても、不具合になってもダメですね。

3
••• 常に好奇心をもつ •••

いつもいろいろなことにキョロキョロ。決して勤勉ではないけれど、自然やインテリア、ファッション、食べ物……興味のあることに常に感情豊かでありたい。いくつになっても感性や情感を枯れさせたくないから、新たな発見にときめいたり、言葉にして伝えたり、笑ったり、感動する人でありつづけたいな。

4
••• 頑張りすぎない •••

性格的に頑張りすぎるところがあるから、いつも自分をいましめる意味でそう心がけています。だだ、努力する自分は嫌いではないし、そうすると安心する気持ちもあるから、加減が難しい。自分を客観視する心のゆとりをもったり、家族や他人を巻き込まないなどの配慮やバランスも大事だと思っています。

5
普段着の心

平坦で普通の心もちがいちばんラクで、私らしい。取りつくろってもどこか居心地が悪いし、背伸びしても仕方がない。何があっても私は私。いつもの普段着でリラックス。何かを犠牲にしてまで無理をするのはいいこととは限らない。のびのびとした気持ちで毎日をゆったりと過ごしたいと思っています。

6
人のせいにしない

昔の私は、自分に自信がもてなくていつも下を向いてばかり。今思えば、そのときの私は何の努力もしていなかったかも。福島から上京し、理容師の国家試験を頑張ったときに初めて、努力すれば報われることを知り、自信につながりました。誰のせいでもなく、自分を変えられるのは自分だと気づけました。

7
幸せのハードルを高くしない

すぐに手が届くところに目標を置くと、少しの進歩でも感動したりありがたいと思えるから。そのハードルをピョンピョン越すうちには、小さなことでも積もり積もって大きな幸せに。最初から目標を高くするより、軽くまたげるくらいでちょうどいい(笑)。

8
欲しいものは自分のお金で買う

昔から、買うために頑張るのが好き。内職をして、アンティークや家具を購入するのは簡単ではなかったけれど、頑張って働いてよかった。手に入る過程も含めて、愛着を感じるから。でもね、お父ちゃんに買ってもらったらもちろんうれしいから、喜んで受け取ってます(笑)。

9
人とくらべない

生き方や感性やインテリア……その道で素敵で素晴らしい人はいっぱいいます。だからといって、自分とくらべたりはしません。たとえば、世界じゅうに素敵なインテリアはたくさんあるけれど、私には、わが家がいちばん好きな場所。憧れや尊敬の気持ちをもちながらも、自分の「大好き」を大事にしたい。

10
回り回って楽しみが自分に返ってくる

「嫌だ、嫌だ」と問題点から逃げたり、後回しにするよりも、解決するように努力するほうが、私らしいかな。そうすることで毎日が楽しく愉快になるし、最後は自分のためになるんだから。

Chiyo Kezuka
Love♡
しなやかに
生きようね!

終わりに

この本を作り進めながら、「私って本当に手作りが好きなんだな〜」、そして「ベランダを含めたこの部屋、この団地が愛《いと》おしい」と再確認しました。

5人家族でスタートしたここでの暮らしは、その時代、その時代に合わせた部屋づくりを工夫しながら楽しんできました。その歴史は、かけがえのない宝物。そして今、夫婦でそれぞれ自分のスペースをもてるようになりました。月日の流れをしみじみ感じながらも、夏休みやお正月にはみんなが集い、ワイワイガヤガヤと過ごす——そんな思い描いた実家の姿も、ここにはある気がします。

私が今まで好きなことをさせてもらい、そしてこれからも続けていくためには、家族の協力なくしてはありえません。いつも黙って見守ってくれているお父ちゃんには、ただただ感謝。日々の暮らしのなかに笑顔とおいしい食事を心がけて、お互い元気でいようね。これからも、よろしくお願いしますね。

そして次女のみゆきは、この本のイラストを描いてくれました。また、YouTubeなどでいつも助けてくれている心強い（そしてたまに怖い！）頼れる存在です。

長く私を支えてくださった方々や、SNSなどで私を知ってくださった方、この本を手にしてくださったすべての方々に、特大のハートを送ります。

LOVE

毛塚千代

Chiyo Kezuka

約45年ほど前にインテリア雑誌に登場して以来、３Kの団地で模様替えを楽しむ暮らしがインテリア＆ライフスタイル誌『私のカントリー』などで紹介されて人気に。あたたかでフレンドリーな人柄そのままの、素朴な表情のドール作家としてもファンが多い。71歳になった今もエネルギッシュに活動の幅を広げ、ハンドメイドを軸とした暮らしの提案を積極的に発信中。作品は主にハンドメイドイベントで販売し、幅広い層と交流を楽しむ日々を送っている。

Instagram　@chiyo_kezuka
YouTube　@honobonoseikatsu

Staff
取材・伊藤嘉津子
撮影・蜂巣文香
イラスト・Miyuki Yamasaki
デザイン・中川 純（ohmae-d）
校正・別府悦子
編集担当・高橋 薫

小さな住まいでほのぼの手作り日和

著者　毛塚千代
編集人　東田卓郎
発行人　殿塚郁夫
発行所　株式会社　主婦と生活社
〒104-8357　東京都中央区京橋３-５-７
https://www.shufu.co.jp
編集部　☎03-3563-5129
販売部　☎03-3563-5121
生産部　☎03-3563-5125
製版所　東京カラーフォト・プロセス株式会社
印刷所　TOPPANクロレ株式会社
製本所　共同製本株式会社
ISBN978-4-391-16216-5
充分に気をつけながら造本しておりますが、万一、乱丁・落丁その他の不良品がありました場合には、お買い上げになった書店か、小社生産部へお申し出ください。お取り替えさせていただきます。